中小企業の

外国人雇用

その現状と課題、活用へのヒント

著——江口 政宏
Masahiro Eguchi

一般財団法人 商工総合研究所
SHOKO RESEARCH INSTITUTE

はじめに

日本では労働力人口がピークアウトし、若年人口の減少傾向が続くなど、人手不足の状況が鮮明となっており、中小企業を中心に人手不足が常態化しています。一方で、国内市場の伸びは鈍く、企業の持続的な成長のためには既存事業の見直しや新事業創出による需要の掘り起こし、海外市場への展開が求められる状況となっています。この場合は人材の質的な多様化が必要となります。このように人手不足解消の側面からも、人材の多様性確保の側面からも、中小企業にとって外国人材の活用の重要性は、女性活用、高齢者活用と同様、一層高まっています。

しかし、外国人活用は女性活用、高齢者活用と異なり、まだ中小企業で幅広く行われているとはいえず、かつ、未経験の中小企業にとってハードルが高いと感じられる側面は否定できません。この背景には、外国人材の雇用形態として正規雇用、非正規雇用、技能実習などさまざまな形態が、もしくはさまざまな在留資格が想定されるにも関わらず、それぞれの制度的枠組みや実情、実施上中小企業が直面する課題とその対処法、効果など必要な情報が必ずしもわかりやすい形で伝わっていないことがあると考えられます。実施済みの中小企業ではノウハウの蓄積が進んでいる企業も一部みられますが、多くは雇用する外国人材の数に限りがあるうえ雇用を始めてからの年数が浅い事情もあり、手探りで外国人活用を進める企業が少なくないと思われます。

中小企業で外国人活用の必要性が高まっているにもかかわらず、その実現に必要な情報が必ずしも伝わっていない現状に鑑み、本書では日本企業における外国人雇用の現状、日本で働く外国人材の属性や特徴、雇用における制度的概要を、在留資格別、職種別に横断的に概観するとともに、外国人の活用現場で生じる課題と解決策を示しました。現状と問題点の把握にあたっては、外部統計や調査データも活用し、外国人雇用の全体像や、職種別・在留資格別のイメージが明確になるよう心掛けました。課題と解決策では前記の現状認識と、筆者が参加した一般社団法人産学官連携センターとの共同研究を通して得た知見を活用して、外国人活用の現場で役に立つ情報を盛り込みました。

本書を通じ、外国人活用に関心を持つ企業や外国人活用経験の少ない企業の方々、外国人活用をサポートする機関の方々が、外国人活用に関するヒントを掴んで頂ければ幸いです。

本書の執筆にあたりましては、共同研究でインタビューに応じて下さった中小企業や外国人雇用支援機関の皆様、共同研究者の皆様から多大なご協力、ご示唆を頂きました。この場を借りて厚く御礼申し上げます。

2024年3月

一般財団法人　商工総合研究所
理事長　梅田　晃士郎

目次

第1章 外国人雇用の必要性と日本の外国人雇用の現状

中小企業の外国人雇用を論じるにあたり、最初に中小企業経営にとって外国人雇用が重要な課題であり、かつその重要性が増しつつある背景を、人口動態からみた日本人の人口減少傾向、雇用実態面において中小企業の欠員率が相対的に高い状態が続いていること及び、大卒人材の採用難の観点から述べる。

続いて日本に居住する外国人、就業する外国人についてストックとフローの両面からみていく。ストック面は日本国内の在留人数、そのなかのどの程度が労働力人口に相当するか、そして実際に働いているかをみる。フロー面では、就労系の在住資格を得て日本に新規入国する外国人、期間限定の労働が前提の技能実習生、将来日本で働く人材として期待される留学生が毎年どの程度の人数が日本に流入しているかをみる。さらに留学生についてはどの程度の割合が日本にとどまって就業するかをみていく。

最後に、日本企業のうちどの程度の事業所もしくは企業が外国人を雇用しているかを既存の調査・統計データを基にみていく。

1 なぜ中小企業にとって外国人雇用が重要なのか

(1) 経済規模と比べた労働力人口の希少化

総務省「人口推計」ベースでは、日本の総人口は2008年の1億2,808万人をピークに既に減少傾向に入っている。15歳以上人口は約10年遅れて2019年に1億1,130万人でピークに達しており、働く意思のある人の割合によるが、労働力人口（15歳以上人口のうち働く意思のある人）もほぼ同時期でピークをつけたと考えられる。一方、若年労働力の供給源となる20～24歳人口は少子化の影響もあり1996年以降減少傾向が続く（図表1－1）。

2000年以降、経済活動の規模を示す実質GDPの規模は1990年代以前ほどではないにせよ拡大を続け、15歳以上人口や労働力人口よりも伸びが大きい。一方、若年人口は減少傾向が著しい[1]。労働力に対する需要は労働集約的な側面を持つサービス業のウエイトが高まるなど、いわゆる経済のサービス化が進むなかで、ある程度経済活動の規模に比例して拡大するものと考えられる。そして20～24歳人口が減少傾向にあることは、採用市場のなかで若年層を対象とする新卒市場で売り手市場の側面が強まり、企業の採用活動が厳しい状況が常態化していることが容易に推測できる。

長期的にみても国立社会保障・人口問題研究所「日本の将来推計人口（令和5年推計）」の中位推計では、15歳以上人口は2030年に1億772万人（2020年対比3・7％減）、2040年に1億142万人（同8・7％減）と減少が見込まれる。労働力人口比率の著しい上昇を想定しない

図表1－1　日本の15歳以上人口

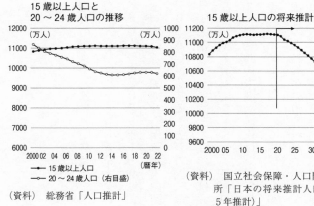

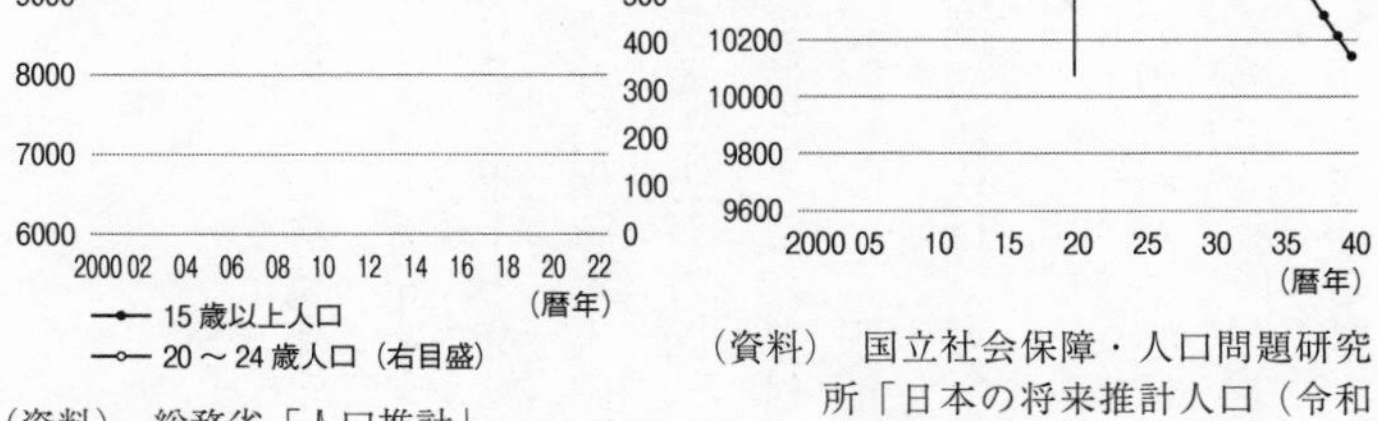

（資料）　総務省「人口推計」

（資料）　国立社会保障・人口問題研究所「日本の将来推計人口（令和5年推計）」
（注）　中位推計

限り労働力人口の傾向的減少が続くことになる。

(2) 日本在住の外国人の相対的な増加

総人口（日本人＋外国人常住居住者）に占める外国人の割合を総務省「国勢調査報告」のデータを基にみると、1990年0・7％（外国人数88・6万人）→2000年1・0％（131・1万人）→2010年1・3％（164・8万人）→2020年1・9％（240・3万人）と、その増加ピッチは足元で特に高まっている。国立社会保障・人口問題研究所は、わが国の総人口は2070年には8，700万人に減少する一方、外国人は増加し総人口の1割を占めると推計している。足元の外国人割合（2％）との隔たりは大きいが、年齢別に2020年の外国人割合の数値をみると、20〜24歳は5・5％、25〜29歳は5・9％、30〜34歳は4・6％、35〜39歳は3・2％で、20代未満や40代以上の年齢層に比べ高い構成比となっている（**図表1－2**）。10年前（2010年）との比較でも20代から30代での構成比の上昇が目立つ。今後の外国人割合の上昇もこの年齢層が中心になると思われ、少なくとも若年層においては外国人の割合が1割を超えるのはそれほど遠い将来のことではないとみられる。将来の基幹労働を担う若年労働者の採用を考える際、外国人を採用するという選択肢は多くの企業にとって現実味を帯びたものになりつつあるといえる。

(3) 人手不足の常態化と中小企業の採用難の深刻化

労働力人口のピークアウトと若年人口の減少傾向は人手不足と雇用市場における売り手市場化の進行をもたらしている。日本銀行「短観」によると、中小企業全産業の雇用人員DI（「過剰」％－「不足」％。「不足」超幅が大きいほど自社の雇用が不足していると感じる企業が多いことを示す）は2013年3月調査以降10年にわたり「不足」超を記録している。この間、コロナ禍

図表1－2　年齢別総人口に占める外国人の割合（男女計）

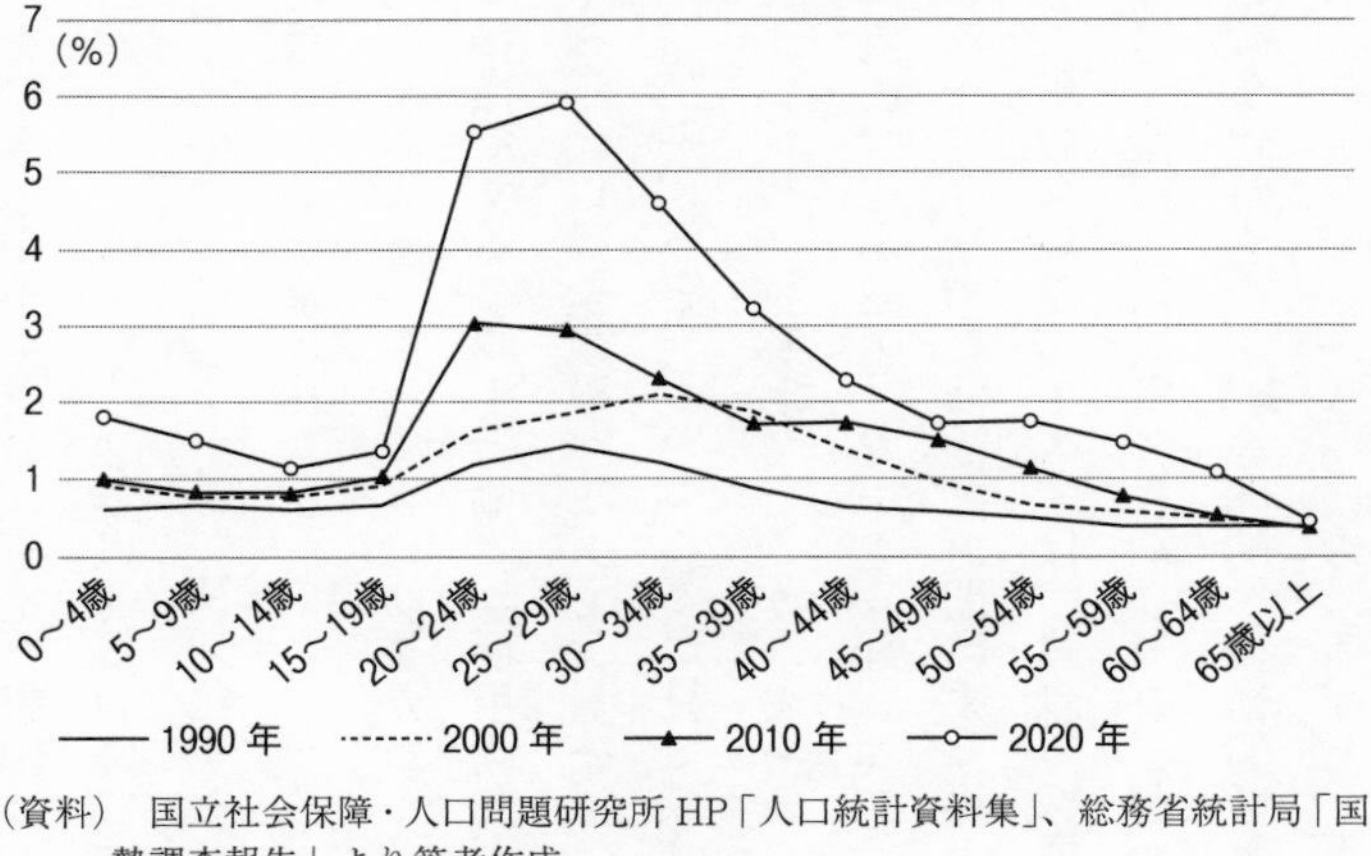

（資料）　国立社会保障・人口問題研究所HP「人口統計資料集」、総務省統計局「国勢調査報告」より筆者作成

で雇用の不足感が一時的に緩和した２０２０年前半を除き、中小企業の「不足」超幅は大企業のそれを大きく上回っている。雇用の不足感が顕在化する２０１２年以前においては大企業と中小企業のＤＩの水準に大きな違いはなく、近年では人手不足が深刻化するなか、特に中小企業で人手不足が常態化し、採用も困難な様子が窺われる。

中小企業の人手不足と採用難を欠員率の観点からみてみよう。欠員率とは企業が行う求人のうち充足されない求人がどの程度あるかを示す指標である。厚生労働省「雇用動向調査」は欠員率[2]を企業規模別に調査している。２０１０年代以降全規模ベースで欠員率は上昇傾向にあり、企業が必要な労働力を充足できない状況が広がっていることが見て取れる。全規模ベースでは２０００年代の欠員率は概ね１％前後で推移していたが、２０１０年代以降上昇し、２０１９年には２・７％まで上昇した。２０２０、２０２１年はコロナ禍で雇用市場が縮小し欠員率は２％を割り込んでいるが、今後の経済活動再開により再上昇も予想される。職業別の欠員率をみると、２０２１年の全規模ベースでは、建設・採掘従事者４・６％、サービス職業従事者３・１％、輸送・機械運転従事者３・０％などが全職業の１・８％より高い。現場作業域での不足感の強さが目立つが、専門的・技術的職業は全規模の欠員率１・４％に対し、従業員５〜２９人の企業で３・５％にのぼるなど、不足感は現場作業域に限られない。

ちなみに厚生労働者「2022年版厚生労働白書」で労働市場のミスマッチにより求人超過となっている職業を詳しくみると、包装、保健医療サービス、農業、土木、製品製造・加工現場、清掃、社会福祉の専門的職業、自動車運転の職業、金属材料製造、介護サービス、運搬、飲食物調理、その他の保安職業、その他の専門的職業が該当する。ここでも現場作業域での求人超過が目立つが、単純作業から熟練作業まで幅広い領域で応募が求人を満たさない状況となっている。一方で事務作業では余剰感[3]があり、雇用のミスマッチが労働集約的業種を中心とする特定領域の人手不足感を際立たせている。

そのなかで、欠員率が高まってきた2010年代から企業規模間で欠員率の格差が広がっていることが目を引く（**図表1－3**）。2010年代より前は企業規模別に欠員率の差はほとんどみられなかった。しかし2010年以降は大企業の欠員率上昇が小幅であるのに対し、中小企業の欠員率上昇傾向が顕著でコロナ禍直前の2019年では従業員5～29人の企業の欠員率が4・7％と1000人以上の企業の1・7％との間で3％ポイントの開きが生じている。人手不足感が強まるなかで、中小企業では求人を行っても不足する人材を充足できず、そのことが不足感を一層強めている状況が観察される。

前記雇用動向調査によると、中小企業（従業員5～299人）の常用労働者数は2，328万人であり、欠員率を基に欠員数を計算すると56・5万人が欠員、すなわち本来充足すべき人員が足りていない状況にある。コロナ禍前の2019年では中小企業の欠員数は87・9万人にのぼる。大企業（同1，000人以上）の欠員数は2019年が34・7万人、2021年が28・1万人であり、特に中小企業で大量の欠員が発生し、事業運営への悪影響が深刻な状況が見て取れる。

企業の基幹業務の担い手や中核人材の成り手と目される大卒人材の採用市場でも中小企業は苦戦している。リクルートワークス研究所「大卒求人倍率調査」によると、大卒人材

図表１－３　企業規模別欠員率

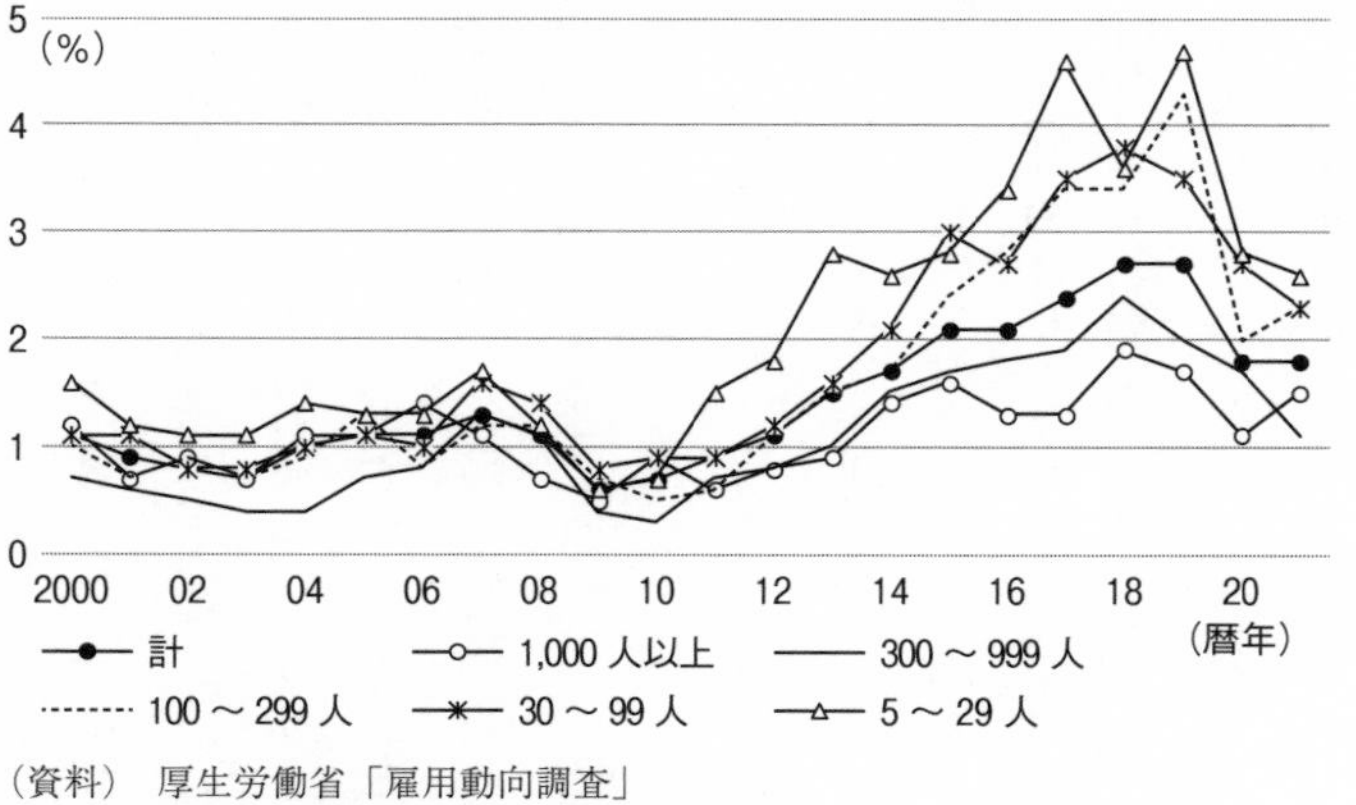

（資料）　厚生労働省「雇用動向調査」
（注）　欠員率＝未充足求人数÷常用労働者数

への求人倍率（求人数÷求職者数、数字が1を上回って大きいほど売り手市場、1を下回って小さいほど買い手市場であることを示す）は、２０２4年卒業見込みまでの直近10年間の平均が、従業員３００人未満の企業で5・74倍、３００～９９９人の企業で1・18倍、１０００人以上で0・78倍と、中小企業と中堅企業以上の企業との間で大きな隔たりがあり、中小企業で大卒者の採用が現状でも容易でないことがわかる。２０１０年以降の推移をみると従業員３００人未満の企業では求人倍率が低い（採用しやすい）時期でも3倍以上となっており、景気の良し悪しに関わらず大卒者の採用は困難である。

(4) 高まる外国人活用の必要性〜企業側の視点

人口動態や採用市場の状況から、日本企業において外国人活用の必要性は高まっていることは明らかであろう。次に企業の視点から、国内労働市場の供給逼迫、国内市場の低成長による海外市場開拓の必要性、及び外国人労働者という「異質」な存在を取り込むことによるイノベーション推進の3点についてみていく。

① 国内労働市場の逼迫

低成長のなかでも、労働力の減少と労働集約的側面を持つサービス業のウエイト拡大が一層進むことが外国人雇用の必要性を高める。前述のように日本の労働力人口は経済活動の規模に比してより急速に縮小が予想されることから企業、特に中小企業の採用難は今後一層深刻化する可能性が高い。すなわち、今後の中小企業にとって人手不足・採用難は恒常的な経営課題となり、状況によっては企業の事業存続や成長を脅かす問題となる。これを回避するためには生産性の向上が必要不可欠であるが、それだけで対応することには限度があり、雇用の確保は別途必要である。人口動態面からみた雇用市場への人材の量的供給からも、現実に中小企業が直面している採用難からも、確保する人材のバリエーションを増やすことが必要となる。

国内人材における量的なバリエーション拡大の対象は、主に女性と高齢者の活用拡大がターゲットとなってきた。女性の労働力人口比率は２０１２年の48・２%から２０２２年は54・２%まで上昇、65歳以上の労働力人口比率は同じ時期に19・９%から25・６%に上昇し、いずれも一定の成果が出ている。女性・高齢者の活用拡大は子育て支援や税制など制度面に影響される要素が大きく、企業努力のみでは拡大に限界がある。そこで新たな選択肢として外国人の活用が重要となる。

② 海外市場開拓

日本経済は低成長が続いている。このことは企業の国際化志向の高まりを通じ外国人雇用の必要性を高める。国内市場が伸び悩む状況において企業が成長を図るためには、新しい製品・サービスを国内市場に投入するか、若しくは海外市場に展開することが選択肢となる。人口減少が予想されるなか国内市場全体では今後も成長は望みにくく、企業はこれら2つの選択肢をより強く意識していかざるをえない。後者の海外市場展開については、海外現地法人を設立するにせよ、国内本社で海外需要への対応を図るにせよ、海外市場を直接相手とするかぎり外国人材を活用することがその近道となる。

③ イノベーション推進

日本企業は大企業、中堅企業、及び中規模以上の中小企業ではこれまで新卒一括採用と終身雇用を基本とする雇用形態で労働力をまかなってきた。このことは社内教育を通じ社員が企業特殊的な業務プロセスを理解することと、共通の企業文化の醸成にプラスとなり、日本型経営の一つの強みとして作用してきた。反面、このことは人材の多様性を阻害する要因となり、新事業、新機軸を試すうえ障害にもなった。中途採用の増加や女性・高齢者活用はこうした傾向に風穴を開けるものであるが、外国人雇用は異なる発想や価値観を持つ人材を企業に取り込むこととなり、イノベーションの推進に資することが期待できる。

　労働政策研究・研修機構「グローバル人材の採用と育成―日本企業のグローバル戦略に関する研究（3）―」によると、外国人を正社員として雇用する企業では、外国人正社員を雇用する理由として「新たな視点からイノベーションを喚起」を挙げる割合が56・0％と最も高い（**図表1－4**）。「人手不足を解消」「顧客の多様化に対応」も各4割以上あり、前記①②の理由も重視されているが、イノベーション推進は重要なポイントとしてそれ以上に意識されている。この調査は自社営業所、または何らかの資本・人的関係があると判断できる企業が海外に存在する企業を対象としたもので、外国人を雇用する中小企業の平均像より国

図表１－４　外国人正社員を雇用する理由（複数回答）

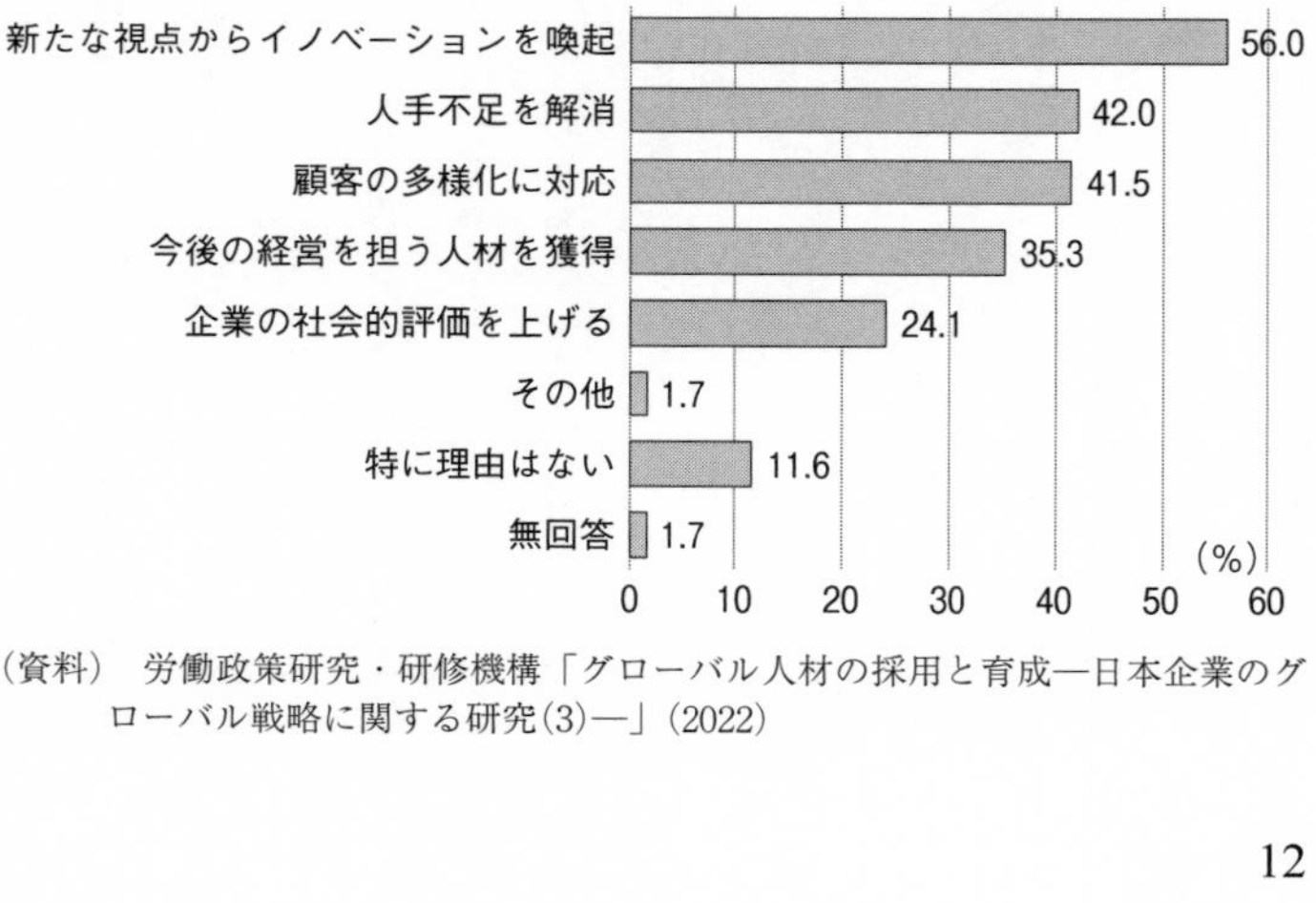

（資料）　労働政策研究・研修機構「グローバル人材の採用と育成―日本企業のグローバル戦略に関する研究(3)―」(2022)

際化志向が強いサンプルと考えられるが、国内市場を対象とする企業でも成長志向の企業であれば外国人雇用に同様のメリットを見出せよう。

次節でみるように日本国内における常住外国人のプレゼンスは高まっており、海外で日本での就労を希望する外国人も一定数存在する。しかし、実際に外国人を活用する企業の数は限られているのが現状である。国内人材と異なり企業一般に馴染みがあるとはいえない外国人活用に関しては、企業努力がその成否を左右する要素が大きい。その意味では企業の取り組み次第で人手不足・採用難の有力な解消手段となりうるともいえる。

2 日本の在留外国人数と就労者数

(1) 在留外国人数

法務省によると、2022年末における在留外国人[4]の総数は307・5万人と2019年の293・3万人を上回る過去最高を記録し、初めて300万人を突破した（**図表1－5**）。総人口に占める在留外国人の割合は2・47％でこれも過去最高である。2020年、2021年はコロナ禍の影響もあって入国規制が厳格化され技能実習生が減少したこともあって前年比減となったものの、3年振りに増加した。国籍別には中国が76・2万人で一番多く（構成比24・8％）、以下ベトナム48・9万人（15・9％）、韓国41・1万人（13・4％）、フィリピン29・9万人（9・7％）、ブラジル20・9万人（6・8％）となっている。ベトナムは過去10年間で9・3倍に増え、同期間の在留外国人数が1・5倍増であったことと比べても特に増えている。

　在留資格別の主な内訳をみると、永住者が86・4万人で最も多く（構成比28・1％）、以下、技

図表1－5　在留外国人／登録外国人数の推移と総人口対比の割合

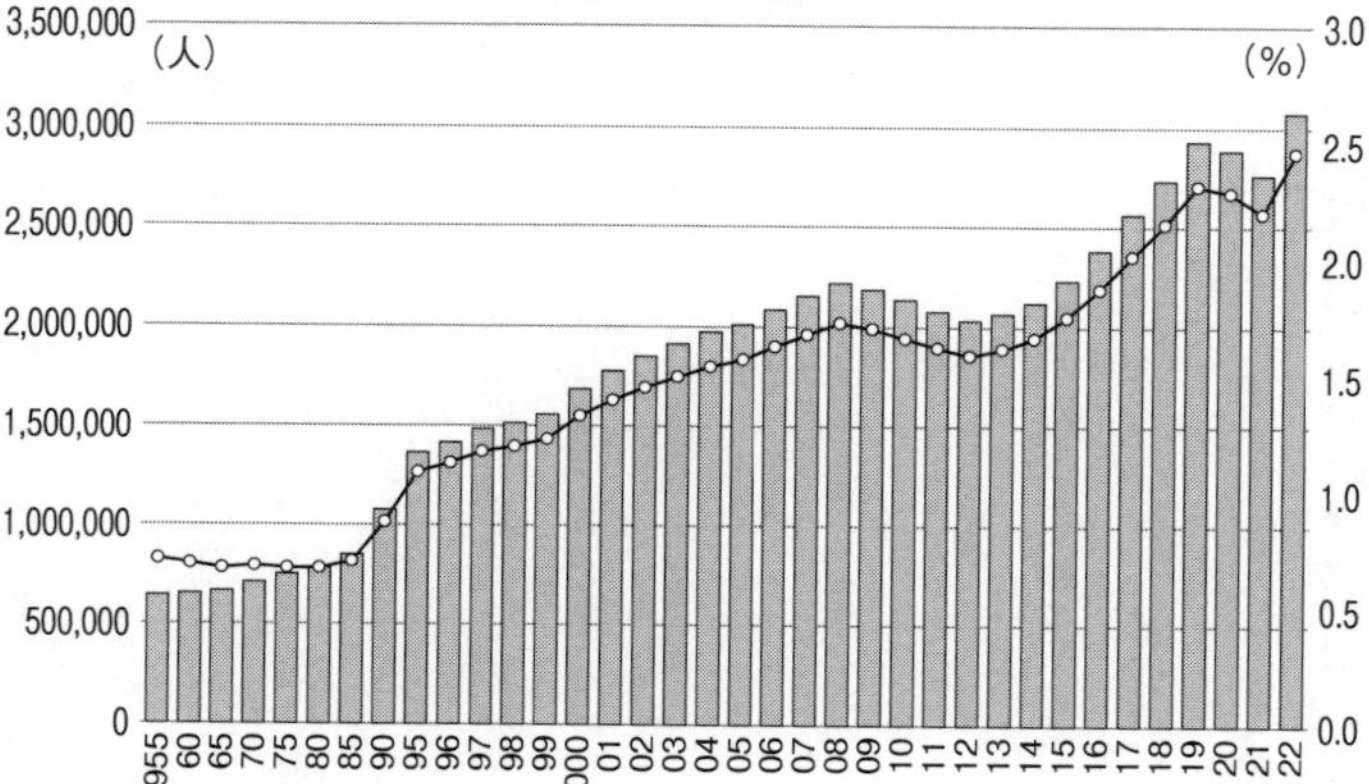

（資料）　出入国在留管理庁「在留外国人統計（2011年以前は登録外国人統計）」、総務省「人口推計」より筆者作成
（注1）　在留／登録外国人数は各年12月末、総人口は同10月末の数値を使用
（注2）　1995年までは5年おき、以降は毎年

能実習32・5万人（10・6％）、技術・人文知識・国際業務31・2万人（10・1％）、留学30・1万人（9・8％）、特別永住者28・9万人（9・4％）、家族滞在[5]22・8万人（7・4％）、定住者20・7万人（6・7％）、日本人の配偶者等14・5万人（4・7％）、特定技能13・1万人（4・3％）、特定活動8・3万人（2・7％）となっている（**図表1－6**）。技術・人文知識・国際業務、特定技能、特定活動は就業できる業種の制限の違いはあるが、「就労系」の在留資格（専門的・技術的分野の在留資格[6]）といわれるものである。技能実習も本来の趣旨は技能の移転等を目的とするものであるが、雇用関係のもとで就労する在留資格である。永住者、特別永住者[7]、

図表１－６　在留資格別外国人数（2022年12月末）

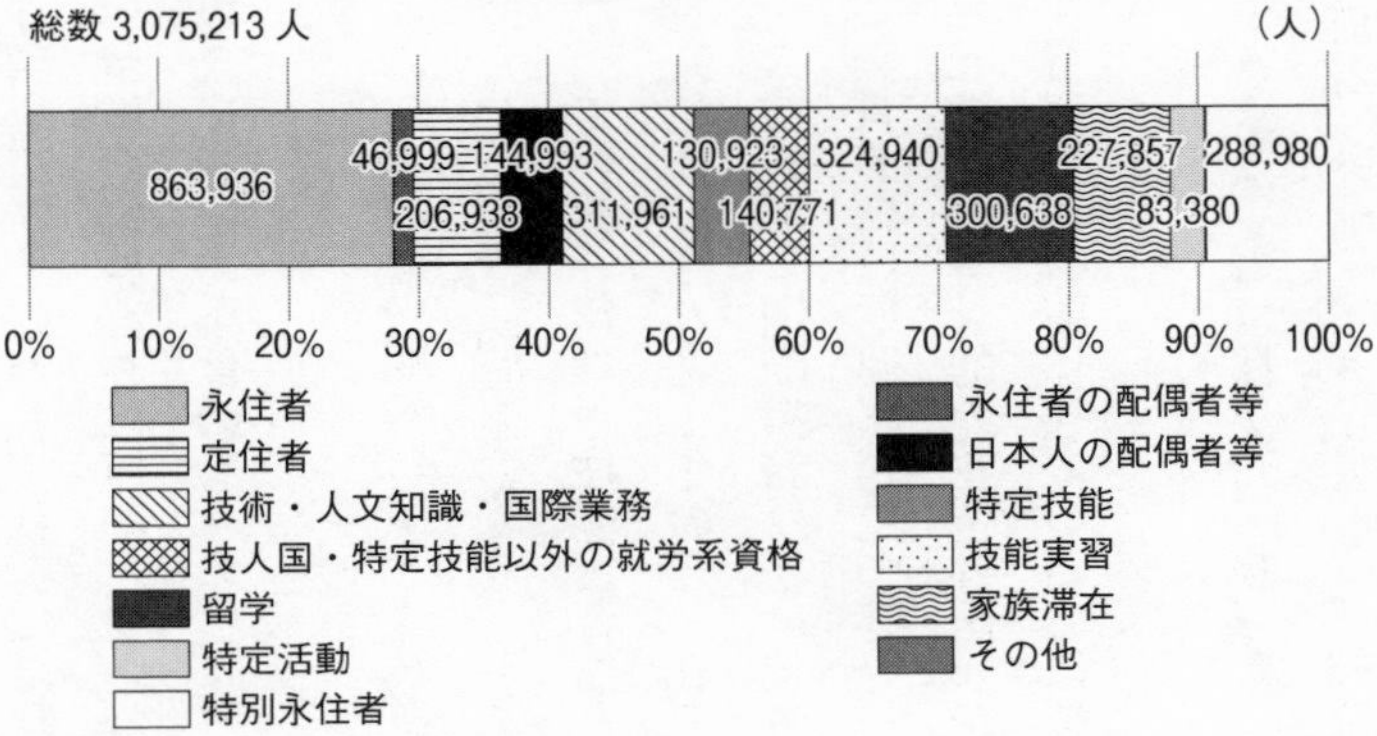

（資料）　出入国在留管理庁
（注）　特別永住者のみ入管特例法が根拠法（他は入管法）のため分けて記載した

定住者などは「身分系」の在留資格（身分に基づく在留資格）[8]といわれ、就労には特段の制限はない。留学は私費留学生が94・8％を占める。[9]留学と家族滞在は原則として就労活動が認められていないが、資格外活動許可を受けた場合に一定の条件のもとでアルバイトなど短時間の労働が認められている。

２０２１年との比較で増えた在留外国人を資格別にみると、多い順に留学9・3万人増、特定技能8・1万人増、技能実習4・9万人増、技術・人文知識・国際業務3・7万人増、家族滞在3・6万人増、永住者3・2万人増などとなっている。留学や技能実習などもともと構成比の高い在留資格が再び増えているほか、特定技能は２０２１年の5・0万人から2倍以上増えている。前述の通り特定技能、技術・人文知識・国際業務などは就労系の在留資格で、技能実習はそれとは区別されるものの、実質的には期間限定色の強い一種の就労資格とみなすことも可能である。これを含め、足元では就労目的の在留外国人が増えていることがわかる。個々の在留資格の詳細と他の在留資格との関係性については第2章で説明する。

都道府県別に２０２２年末の在留外国人数の分布をみると、東京都が59・6万人（構成比19・4％）、愛知県28・7万人（9・3％）、大阪府27・2万人（8・9％）、神奈川県

24・6万人（8・0％）、埼玉県21・3万人（6・9％）となっており、上位5都府県に52・5％の外国人が在住している。2022年10月時点の総人口の上位5都道府県は同じであるがその構成比は37・5％で、外国人の在住は大都市圏に集中する傾向が強い。また、総人口の構成比と比較して東京都、愛知県の割合が高く、両都県の就業機会の多さ（東京都は非製造業全般、愛知県は製造業）を反映したものと考えられる。

在留外国人の年齢別構成については、0～14歳が8・5％、15～64歳が84・6％、65歳以上が6・9％である。2020年国勢調査の総人口における0～14歳が11・9％、15～64歳が59・4％、65歳以上が28・6％であるのに比べ、高齢者が少なく実際に就労する年齢層が厚い。在留外国人数は1990年代から急速に増加を続けてきた経緯があり[10]、日本国内での就労を意識した外国人の流入が多かったことによるものと考えられる。高齢者層と若年層が少ないことは、今後も在留外国人の増加基調が続かなければその高齢化が進展すること、離日する夫婦世帯もあることで出生による人口増加が限られることにつながる可能性がある。なお、身分に基づく在留資格者も0～14歳が12・1％、15～64歳の割合は81・1％、65歳以上が6・8％で同様の傾向を示している。

(2) 就労外国人数

① 在留資格による分類

日本で働く外国人の数は厚生労働省「外国人雇用状況」に示されている(**図表1-7**)[11]。2022年10月末時点の外国人労働者数は182・3万人である。就労系の在留資格である「専門的・技術的分野の在留資格」は48・0万人(構成比26・3%)でこのうち「技術・人文知識・国際業務」は31・9万人で、「特定技能」は7・9万人である。「技能実習」は34・3万人(18・8%)である。「資格外活動」で就労する外国人労働者数は33・1万人(18・2%)でうち25・9万人が留学

図表1-7 在留資格別外国人雇用者数の推移

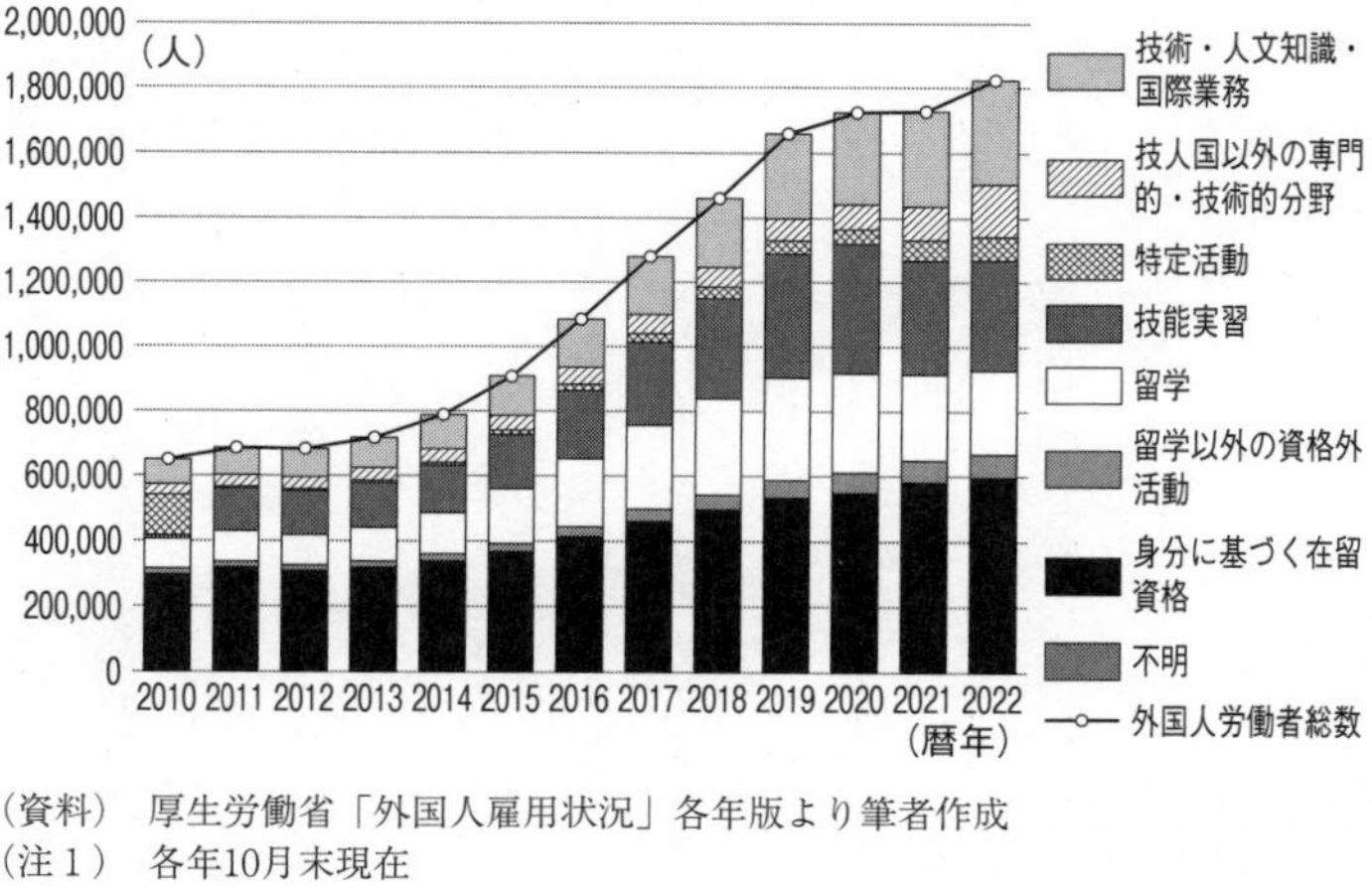

(資料) 厚生労働省「外国人雇用状況」各年版より筆者作成
(注1) 各年10月末現在
(注2) 技能実習の在留資格は2010年に新設され、それまで特定活動として計上されていた

の在留資格者であることから、資格外活動での就労は留学生のアルバイトが大半であると考えて差し支えない。「身分に基づく在留資格」を保持し就労する外国人労働者数は59・5万人（32・7％）である。

以上から、外国人労働者は量的には在留期間を区切って中核的業務を担う「専門的・技術的分野の在留資格」、主に3～5年の期間限定で定まった業務に従事する「技能実習」、留学生アルバイトなど「資格外活動」、在留期間に区切りがなく長期の就労が可能な「身分に基づく在留資格」が中心である。「身分に基づく在留資格」は就学経験や業務経験により、正社員としての中核的業務からアルバイトや派遣社員など非正規で単純労働に従事する場合まで多様な就労形態を包含することに注意が必要である。

２０１０年以降の推移をみると２０１０年代前半は技能実習の伸びが目立ち、同後半以降は技術・人文知識・国際業務の増加が顕著である。２０２０年頃からは技術・人文知識・国際業務以外の専門的・技術的分野が伸びており、２０２０年からは特定技能の増加が目立つ。なお、身分に基づく在留資格も年々増加している。

②　国籍別

２０２２年10月時点の外国人労働者を国籍別にみるとベトナムが46・2万人で、在留外国人数では最多の中国を上回り最も多い（構成比25・4％）。以下、中国38・6万人（21・2％）、フィリピン20・6万人、ブラジル13・5万人、ネパール11・8万人となっている（**図表1－8**）。在留資格別には、ベトナムは技能実習の、中国は専門的・技術的分野[12]の、フィリピンとブラジルは身分に基づく在留資格[13]の、ネパールは資格外活動の割合が相対的に高いなど国籍により特徴が異なる。なお、ブラジルは労働者の52・8％が労働者派遣・請負事業を行っている事業所に就労しており（全国籍計では19・2％）、永住者の資格

図表1－8　国籍別在留資格別外国人雇用者の構成（2022年）

	全在留資格計	専門的・技術的分野の在留資格		特定活動	技能実習	資格外活動		身分に基づく在留資格
		計	うち技術・人文知識・国際業務			計	うち留学	
全国籍計	1,822,725 100.0%	479,949 26.3%	318,850 17.5%	73,363 4.0%	343,254 18.8%	330,910 18.2%	258,636 14.2%	595,207 32.7%
ベトナム	462,384 100.0%	119,449 25.8%	69,926 15.1%	33,166 7.2%	183,011 39.6%	108,378 23.4%	91,959 19.9%	18,380 4.0%
中国	385,848 100.0%	133,214 34.5%	103,653 26.9%	5,216 1.4%	40,093 10.4%	77,248 20.0%	62,468 16.2%	130,074 33.7%
フィリピン	206,050 100.0%	21,482 10.4%	8,690 4.2%	5,055 2.5%	32,206 15.6%	3,085 1.5%	2,046 1.0%	144,221 70.0%
ブラジル	135,167 100.0%	913 0.7%	572 0.4%	97 0.1%	59 0.0%	399 0.3%	351 0.3%	133,699 98.9%
ネパール	118,196 100.0%	29,743 25.2%	22,221 18.8%	3,403 2.9%	1,164 1.0%	78,442 66.4%	46,791 39.6%	5,444 4.6%

（資料）　厚生労働省「外国人雇用状況」　　（単位：人）
（注）　全在留資格計には在留資格不明分を含む

で派遣労働者として日本企業に勤務する形態が多いと推測される。

③ 雇用形態・業種・職種・学歴別

次に外国人労働者の雇用形態（正規雇用か非正規雇用か）と職種をみてみよう。「外国人雇用状況」では雇用形態別の集計はないので、総務省「国勢調査」の数値をみる。２０２０年時点の雇用者94・３万人のうち正規の職員・従業員が51・1％、労働者派遣事業所の派遣社員が13・7％、パート・アルバイト・その他が35・2％である。日本人では、正規の職員・従業員が65・９％、労働者派遣事業所の派遣社員が３・０％、パート・アルバイト・その他が31・1％である。外国人雇用者は正規雇用が相対的に少ない一方、派遣社員が多く、結果として正規雇用と非正規雇用（パート・アルバイト等と派遣社員の合計）の構成比が日本人の2対1に対し1対1となっている。このことは日本で暮らす外国人が日本人より相対的に低賃金で就労していることを示唆するものである。

外国人労働者でパート・アルバイト・その他に属する労働者の割合が全雇用形態の５割以上を占める職種は、サービス職業従事者、農林漁業従事者、運搬・清掃・包装等従事者で、日本人の場合と同様の傾向を示している。一方、全雇用形態の中での労働者派遣事業所の派遣社員の割合は、外国人の場合、生産工程従事者で24・０％を占める。派遣社員全職種に占める生産工程従事者の割合は69・4％にのぼり、製造工程で外国人派遣社員の活用が盛んであることがわかる。

２０２０年の国勢調査で外国人雇用者数を業種別にみると、製造業が38・3万人で最も多く、非一次産業計87・8万人の4割以上を占める。日本人雇用者と合わせた全雇用者に占める外国人の割合は、製造業の4・7％、宿泊業、飲食サービス業の2・9％、情報通信業の2・6％、建設業の2・1％が2％以上となっている。

外国人雇用者の職種の構成比を国勢調査でみると、全雇用形態ベースで生産工程従事者が39・5％を占め最も多い。日本人では生産工程従事者の割合は13・5％である。日本の生産工程従事者の5・6％を外国人が占める計算になり、製造業の生産工程における外国人労働者の存在感は大きい。他の職種の構成比では専門的・技術的職業従事者が14・2％、サービス職業従事者が10・2％である。

日本に在住する15歳以上の外国人の学歴は、高校以下が32・6％、短大・高専～大学院が26・8％、不詳31・5％、在学中8・6％などとなっている。日本人の場合、高校以下46・4％、短大・高専～大学院33・2％、不詳13・5％、在学中6・8％である。外国人の場合不詳(14)が3割を占めるものの、高学歴者の割合も相応に高く、高度な業務を担う資質を持つ人材が相当数存在するといえる。

④　地域別分布

都道府県別の労働者数をみると、東京都が50・0万人（構成比27・4％）と4分の1以上を占め、以下愛知県18・9万人（10・4％）、大阪府12・5万人（6・8％）、神奈川県10・6万人（5・8％）、埼玉県9・3万人（5・1％）となっている。東京都は産業別には情報通信業、卸売業・小売業、宿泊業・飲食サービス業などの構成比が相対的に高く、在留資格別では専門的・技術的分野の在留資格と、資格外活動（主に留学生アルバイト）も割合が相対的に高い。愛知県は産業別には製造業の、在留資格別には身分に基づく在留資格（永住者など）の割合が相対的に高い。

(3)　就労外国人材の量的な供給状況

前の2項で日本国内にいるストックとしての外国人数について述べた。以下ではフロー（流入）面から外国人労働者をみていく。

①「専門的・技術的分野」

法務省「出入国管理統計」によると、「専門的・技術的分野」の在留資格で日本に「入国」

した新規入国者数は、2015年からコロナ禍前の2019年までの5年間で7・8万人、8・5万人、8・7万人、10・1万人、11・6万人と増加基調で推移した。入国制限の影響で2020年は4・1万人、2021年は1・1万人と減少したが、コロナ感染の影響がなければ年間10万人程度の外国人が就労系の在留資格で日本に「新規に」入国していることがわかる。うち技術・人文知識・国際業務は同じ時期で2・5万人、3・4万人、4・4万人、2・0万人、0・3万人であった。ストックベースでは専門的・技術的分野の約6割を占める技術・人文知識・国際業務が新規入国者数ではそれほど割合が高くないことは、既存の在留資格から技術・人文知識・国際業務に資格を変更して日本に在住を続ける割合が高いことを示し、定着度の高い在留資格であることを示している。[15]

大卒程度の学歴が要件となる技術・人文知識・国際業務においては、その供給源として日本国内の大学出身の留学生と、海外大学出身者の2種類が考えられる。その構成比について統計では明らかでないが、日本政策金融公庫「中小企業における外国人労働者の役割」(2016)によると、中小企業が雇用する外国人正社員の最終学歴・在学先のうち日本の大学院・大学が32・1%、海外の大学院・大学が36・5%と割合は拮抗しており、留学生、海外大学出身者いずれも相応の流入があると推測される。[16] ただし新卒者では国内大学を卒業した留学生が大半を占めるとみられる[17]。

② 技能実習・特定技能

技能実習に関しては全ての実習生がまず「技能実習1号」として日本に入国する。この人数の推移をみると、2015年9・7万人、2016年10・6万人、2017年12・8万人、2018年14・4万人、2019年17・4万人と増加傾向を辿った後、2020年7・6万人、2021年2・2万人と減少している。後述するように技能実習制度は見直しが検討されているが、技能実習生の労働力としての側面に配慮した制度設計になると思われ、年間10~20万人の流入が今後も見込まれよう。

技能実習は1号（実習1年目）、2号（2~3年目）、3号（4~5年目）に分かれる。外国人技能実習機構「外国人技能実習機構業務統計」によると、2017~2021年の5年間の技能実習計画認定の平均件数は1号、2号がいずれも11・4万件、3号が2・1万件で、技能実習は2号までの3年間を前提として受け入れる企業が多い様子が見て取れる。

特定技能在留外国人数は、2021年に3・4万人の増加[18]、2022年は8・1万人の増加である。うち技能実習など別の在留資格から在留資格変更許可を受けて特定技能となった者は、2021年が3・3万人増、2022年が6・1万人増と大半を占め、海外から新規に入国して特定技能の在留資格を得るケースは少ない。なお、出入国在留管理庁によると、2022年9月時点の特定技能108,702人のなかで技能実習ルートが75・1%と4分の3を占め、残り24・9%は試験に合格して特定技能となっている。

③ 留学生

留学の在留資格による新規入国者数は、2015年10・0万人、2016年10・8万人、2017年12・3万人、2018年12・4万人、2019年12・2万人で、コロナ禍の影響があった2020年は5・0万人、2021年2・2万人であった。

在留資格「留学」で日本に入国する外国人は、大学など高等教育機関や各種学校、日本語教育機関などに入学する。このため日本語教育機関を終了後大学等に、或いは大学学部卒業後大学院課程へ進学する進学するケースもある。日本学生支援機構「外国人留学生進路状況調査結果」で国内大学院、大学、短大、高等専門学校、専修学校（専修過程）、準備教育課程の卒業・終了後の留学生の進路（2021年度）をみると、「日本国内で就職」が37・7%、「日本国内で進学」が21・9%、「日本国内その他」が15・1%、「出身国に帰国」が23・5%となっている。「日本国内その他」は就職活動を継続するために在留資格を留学から特定活動に切り替える場合などが相当する。日本国内で進学は21・9％で、進学先を卒業後日本で就職する者がいることを考えると、国内高等教育機関を卒業・終了した留学生の半数程度が日本での就職を志向していると考えてよいだろう（**図表1－9**）。

ただ、日本での就職を希望する留学生は実績が示すよりも多いとみられる。日本学生支援機構「令和3年度私費外国人留学生生活実態調査」によると、在学中の留学生が日本での就職を希望する割合は、上級過程への進学が一定割合存在する学部課程や大学院

図表1－9　日本の高等教育機関を卒業した留学生の進路構成比

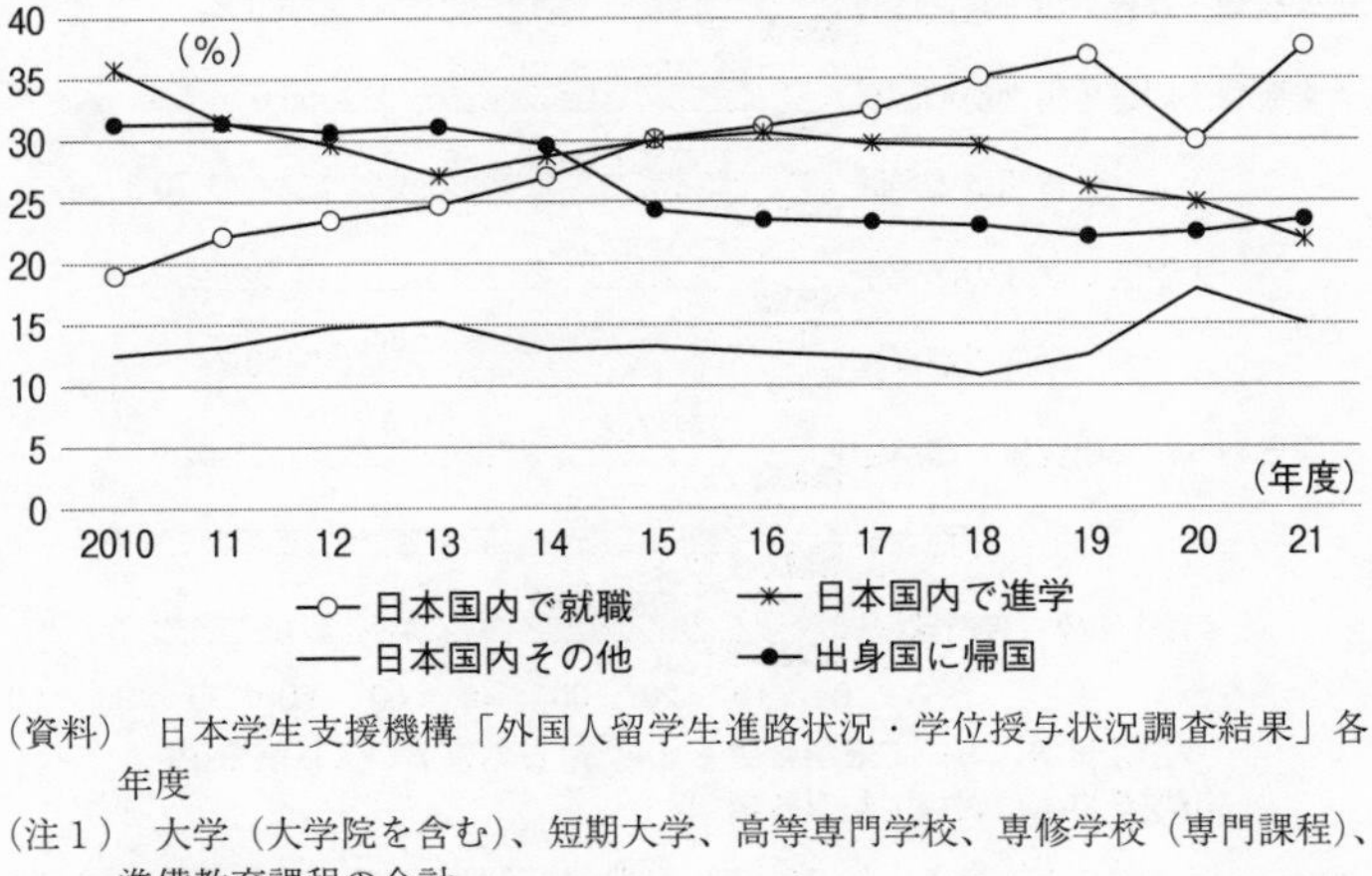

（資料）　日本学生支援機構「外国人留学生進路状況・学位授与状況調査結果」各年度

（注1）　大学（大学院を含む）、短期大学、高等専門学校、専修学校（専門課程）、準備教育課程の合計

（注2）「日本国内その他」は就職活動を継続するために留学生ビザを特定活動ビザに切り替える場合など

修士課程・博士後期課程など（6割程度）を除き7割前後ある（**図表1－10**）。これは在学中日本での就職を選択肢として考えながらも、結果としてそれを断念して日本以外に進路を求めているケースがあることを意味する。このような日本国内での就職希望と実際の就職とのミスマッチが存在することは、日本企業における人手不足の状況を考えると、留学生と企業とのマッチングをより効果的に行うことで留学生の日本企業への就職が増える余地が大きいといえる。

なお、出入国在留管理庁「留学生

図表1－10　留学生の過程卒業・終了後の進路希望（複数回答、抜粋）

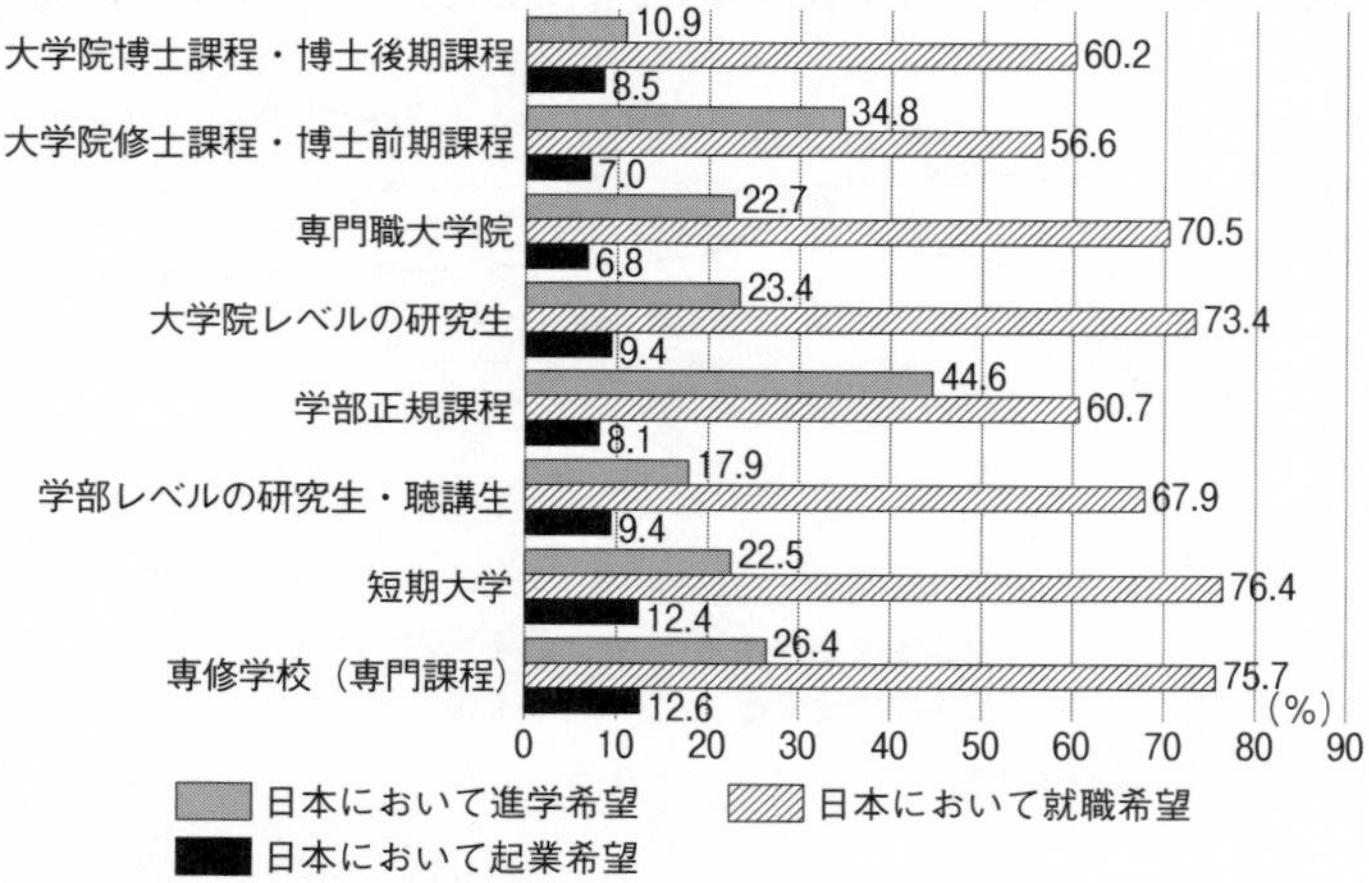

（資料）　日本学生支援機構「令和３年度 私費外国人留学生生活実態調査」(2022)
（注１）　日本以外での進学、就職、起業希望の回答は記載を省略した
（注２）　上級過程への進学を前提とする準備教育課程、日本語教育機関は省略した

の日本企業等への就職状況について」によると、留学生から日本企業への就職目的での在留資格の変更許可件数は、2017年2・2万件、2018年2・6万件、2019年3・1万件、2020年3・0万件、2021年2・9万件で、年間約3万人の外国人留学生が日本企業に就職している計算になる（図表1－11）。

④「身分に基づく在留資格」

「身分に基づく在留資格」（永住者、日本人の配偶者等、永住者の配偶者等、定住者）の新規入国者数は、2015年2・4万人、2016年2・7万人、2017年2・8万人、2018年3・0万人、2019年3・0万人と増加基調で推移した（コロナ禍の2020年は1・3万人、2021年は1・5万人）。以上から、「身分に基づく在留資格」として

図表1－11　留学生の日本の企業等への就職を目的とした在留資格の変更許可人数の推移

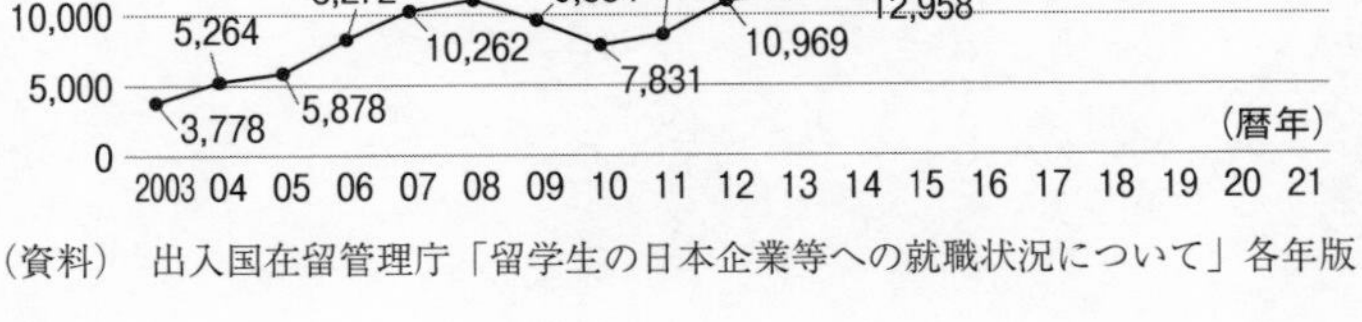

（資料）　出入国在留管理庁「留学生の日本企業等への就職状況について」各年版

概ね年間3万人程度の流入がある。

3 外国人を雇用する中小企業はどのくらい存在するのか

(1) 外国人を雇用する企業

① 企業数、事業所数

厚生労働省「外国人雇用状況」によると、2022年10月時点で外国人を雇用する事業所数は29万8,790である（規模不明の事業所を含む）。うち30人未満の事業所が18万3,551、30～99人の事業所が5万2,737、100～499人が3万1,208、500人以上が9,787である。

総務省「令和3年経済センサス活動調査」によると、日本の民営事業所数は515・6万であり、これを前提に規模別の外国人を雇用する事業所の割合を計算すると5・8％程度の事業所で外国人を雇用していることになる。同様に30人未満の事業所では3・8％、30～99人の事業所では19・3％が、100人以上では62・4％が外国人を雇用している計算となり、小規模事業所と大規模事業所では外国人雇用の割合が大きく異なる。大企業で[19]

は外国人を雇用する企業が半数以上を占め、外国人の雇用が珍しくないのに比して、中小企業においては外国人雇用がごく一部にとどまっている様子が窺われる。ただし外国人雇用事業所数の伸び率は30人未満の事業所が最も高く、30～99人が続く状態となっており、中小企業でも徐々にではあるが外国人の雇用が浸透している様子が垣間見える。

1事業所当たりの外国人労働者数を事業所規模別にみると、30人未満は3・6人、30～99人は6・7人、100～499人は13・6人、500人以上は33・2人となっている。従業員30人以上の事業所はもとより、30人未満の小規模事業所でも複数名の外国人を雇用することが一般的とみられる。このことは職場で一人の外国人労働者として孤立させない配慮が働いているとみられる。

なお、2022年までの過去10年間で外国人を雇用する事業所の数は2・50倍に増加した。同じ期間に外国人労働者数は2・67倍増加しており、1事業所当たりの外国人雇用者数は若干増加している。

日本政策金融公庫「中小企業における外国人労働者の役割」（2016）で従業者規模別に外国人を雇用している企業の割合をみると、従業員4人以下の企業で2・1%、5～9人で5・8%、10～19人で12・6%、20～49人で26・0%、50～99人で36・7%、10

0人以上で51・1%となっており、中小企業でも規模により雇用状況に大きな違いがある点で「外国人雇用状況」と整合している。従業員10人以下の企業で外国人を雇用する割合は低いが、10人を超えると小規模企業でも1割程度が外国人を雇用し、20～100人規模では2～3割が、100人以上では半分以上の中小企業が外国人を雇用している。このことから、中小企業でも従業員20～100人規模の企業では外国人雇用が相当に浸透し、100人以上では一般的なものになっていると考えてよいだろう。

② 中小企業が外国人を雇用する理由

中小企業が外国人を雇用する理由について（単数回答）、前記日本政策金融公庫調査では「日本人だけでは人手が足りないから」が28・0%、「日本人が採用できないから」が10・4%など、日本人労働者の採用難の代替的な理由が多い。一方、「外国人ならではの能力が必要だから」が23・3%あり、高度な語学力など日本人では獲得が難しい能力に期待する企業も一定割合存在する。また、「能力・人物本位で採用したら外国人だっただけ」が18・2%と、日本人と同様の仕事をこなす能力を評価する回答もみられる。正社員に限定すると、「外国人ならではの能力が必要だから」35・9%、「能力・人物本位で採用したら外国人だっただけ」31・8%の順に多く、「日本人だけでは人手が足りないから」12・

1%を大きく上回るなど能力本位の採用姿勢が目立ち、正社員では職場に不可欠な戦力として評価される度合いが強い。

同調査で外国人雇用企業の海外の企業・消費者との取引の有無をみると、「取引あり」が55・3%である。非雇用企業では「取引あり」の割合は24・1%であり、海外取引面での貢献を期待して外国人を雇用する企業が多いことが窺われる。一方、海外取引のない企業では将来の海外取引を見据えて外国人を雇用している企業もあろうが、海外取引以外の目的で外国人を採用し活用する中小企業も相当数存在する可能性が示される。

外国人を雇用しない企業について日本総合研究所「人手不足と外国人採用に関するアンケート調査」(2019)の結果をみると(複数回答)、主な理由として「日本人の雇用を優先」26・0%、「雇用管理が煩雑」24・6%、「考えたこともない」21・9%、「事業の性質上、できない」19・2%、「トラブルが心配」18・3%の順となっている。具体的な理由として「文化、習慣の違い、日本語独特の言い回しなどにより、客との意思疎通が難しいケースが多いため」など実務上生じる問題点のほか、「教育制度ができていないから」「会社自体に受け入れ態勢ができていないから」「外国人の雇用方法がわからないから」など受入れ前段階の体制が不十分として外国人雇用に消極的であるケースもみられる。人手不足から外国人雇用ニーズがありながら体制不備がネックとなりそれを断念する企業が少なくない（第5章で詳述）。

(2) 技能実習生・特定技能受入企業

外国人技能実習機構[20]「令和3年度における技能実習の状況について」によると、2021年時点で技能実習を受入れている企業は法人企業・個人企業を合わせ61，803者である。日本の企業数は法人企業・個人企業合わせ368・4万者であり（令和3年経済センサス活動調査）であり、技能実習生を受け入れている日本企業は全体の1・7％に相当する計算となる。受入れにかかる事務負担を考慮すれば会社企業（178・1万社）が受入れの中心とみられ、その前提に立てば技能実習受入れ企業は実際には3％程度あるという見方も成り立つが、それでも技能実習受入れ企業は全体からみればそれほど多くない。業種別には建設業の23，016者、製造業の22，289者の2業種が多く、企業数に占める割合はそれぞれ5・4％、6・6％である。

特定技能の受入れ企業は出入国在留管理庁によると21，413機関（2022年9月末時点）で、技能実習受入れ企業の約3分の1である。

4　外国人労働者の在社期間

日本企業で働く外国人労働者はどの程度の期間企業に在籍しているだろうか。厚生労働省「賃金構造基本統計調査」で外国人の一般労働者の同一企業への在社期間の分布（全規模）をみると、０年が19・２％、１～２年が21・３％、３～４年が20・３％、５～９年が21・２％、10年以上[21]が18・０％である（**図表１－12**）。企業規模別に在社期間の差は特段見られない。雇用形態別には正社員・正職員の方がそうでない場合より在社期間がやや長い。なお、主に日本人からなる一般労働者全体[22]の数字では、０年が７・６％、１～２年が13・９％、３～４年が12・１％、５～９年が19・

図表１－12　企業規模別雇用形態別外国人従業員の在社期間構成比（全産業ベース）

（%）

		0年	1～2年	3～4年	5～9年	10年以上
企業規模別	全規模	19.2	21.3	20.3	21.2	18.0
	1,000人以上	24.5	16.2	23.7	15.0	20.5
	100～999人	23.7	21.5	16.5	22.5	15.8
	10～99人	10.4	24.0	23.0	23.2	19.3
雇用形態別	正社員・正職員	12.9	21.2	21.9	23.6	20.4
	正社員・正職員以外	25.7	21.4	18.6	18.7	15.6

（資料）　厚生労働省「賃金構造基本統計調査」
（注１）　同一企業内の在社期間
（注２）　雇用形態別は全規模

9％、10年以上が46・5％（うち10～19年24・2％、20～29年12・8％、30年以上9・5％）である。日本で働く外国人労働者の増加ピッチが高まったのは2010年代以降であり、外国人では10年以上勤務する層の蓄積はまだ厚くないが、5年未満の在社期間の層において0年、1～2年、3～4年の構成比に大きな違いはみられない。

外国人労働者は10年以上在籍する者も一定割合存在するものの、4年以内が6割以上を占めるなど短期間の在社期間が多数を占め、日本人労働者に比べ同一企業に定着する度合いは低い。現時点では日本人労働者にあてはまる終身雇用という日本的雇用慣行の枠組みに外国人雇用者はあてはまると判断できない。

なお、従業員規模別では外国人労働者の在社期間の分布に大きな違いはない。一方、正社員・正職員と、正社員・正職員以外の区分では、前者の方が在社期間は長くなっているものの、両者に在社期間の大きな違いはなく、正社員・正職員でも10年以上同一企業に在社する割合は2割にとどまる。

注

（1） 20～24歳人口は2000年から2022年までの間に864万人から621万人、率にして28・

1%減少した。一方、この間で実質GDPは13・1%増加し、15歳以上人口、労働力人口はそれぞれ1・9%、2・0%の増加であった。

（2）同調査では欠員率を未充足求人数÷常用労働者数として算出している。

（3）求職超過は一般事務員、その他の運搬等の2つの職種で多い。ただ、前出雇用動向調査では事務従事者の欠員率は従業員5~29人の企業で1・3%、30~99人で1・0%、100~299人で1・3%と全規模の0・7%に比べ高く、買い手市場のなかでも必ずしも充足できていない。

（4）外国人登録者数のうち中長期在留者に該当し得る在留資格をもって在留する者、及び特別永住者の数。

（5）技術・人文知識・国際業務など就労関係の在留資格で滞在する外国人の扶養家族が対象。但し技能実習は原則として対象外。

（6）在留資格「教授」、「芸術」、「宗教」、「報道」、「高度専門職1号・2号」、「経営・管理」、「法律・会計業務」、「医療」、「研究」、「教育」、「技術・人文知識・国際業務」、「企業内転勤」、「介護」、「興行」、「技能」、「特定技能」が含まれる。法務省データでは2022年12月時点で合計58・4万人で、本文記載の通り「技術・人文知識・国際業務」「特定技能」の2者が大半を占める。

（7）永住者など他の在留資格は入管法（出入国管理及び難民認定法）が根拠法であるが、特別永住者は入管特例法による。第二次世界大戦以前から日本に居住して日本国民として暮らしていた外国人で、サンフランシスコ平和条約により日本国籍を失った人とその子孫が対象である。年齢層が高く、65歳以上が38・7%を占める。法務省の統計では両者をまとめて在留外国人として扱っている。

（8）入管法上は永住者、日本人の配偶者等、永住者の配偶者等、定住者の4カテゴリー。

(9) 日本学生支援機構「2022(令和4)年度外国人留学生在籍状況調査結果」。

(10) 在留外国人数は1990年に100万人を超えた後、2005年に200万人を、2022年に300万人を超えた。

(11) 本統計は法務省の統計と異なり特別永住者は集計対象外である。

(12) 全国籍計の26・3%に対し中国は34・5%。なおG7等は専門的・技術的分野の割合が55・8%と過半を占める。

(13) フィリピンは70・0%、ブラジルは98・9%が身分に基づく在留資格者として就労している。

(14) 5年刻みの年齢区分でみて25歳以上の全区分で不詳の割合が3割以上となっている。

(15) 在留外国人が一時出国し日本に再入国予定の際に従前に有していた在留資格・在留期間がそのまま適用できるようにするよう手続きを取る場合を「再入国」として扱い、それ以外を「新規入国」として扱う。一般に在留資格の取得・更新には時間的な手間がかかるため、一時的な出国では再入国手続きを取る。

(16) 同調査のサンプルとなる外国人従業員はその93・2%は在留資格者であり、国内事業所勤務者が中心であると思われる。

(17) 大阪府大阪産業経済リサーチセンター「大阪における高度外国人材の採用と定着」(2018)によると、最近5年間の高度外国人材の採用ルート(複数回答)は、外国人留学生の新卒(理系の学部・大学院)25・0%、同(文系の学部・大学院)36・3%、同(各種専修・専門学校)10・0%に対し、海外の大学・専門学校の新卒は7・5%であった。

(18) 在留資格者数の変化なので帰国した特定技能者を含む純増ベースである。特定技能は2019年

4月からの受入開始で拡大が図られている途上のため、増加数は純増ベースに概ね近似した値となると考えられる。
(19) 経済センサスは従業員500人を区切りとする集計を行っていないため、100人以上の事業所数で割合を算出した。
(20) 実習実施者は、技能実習を行わせたときは、技能実習の実施状況に関する報告書を作成し、毎年度、外国人技能実習機構に提出する。
(21) 外国人の場合、10年以上はその割合が限られていることもあり、細分化した内訳数字は公表されていない。
(22) 賃金構造基本統計調査の一般労働者は日本人と外国人合計で279・1万人に対し、外国人は1・3万人である。

第2章 主な在留資格のあらましと従事する業務内容

第1章で日本の外国人労働者は在留資格別にみて、在留期間を区切って中核的業務を担う「専門的・技術的分野の在留資格」、3～5年の期間限定で定まった業務に従事する「技能実習」、留学生アルバイトなど「資格外活動」、在留期間に区切りがなく長期の就労が可能な「身分に基づく在留資格」の4つが中心であることを確認した。第2章では「専門的・技術的分野の在留資格」、「技能実習」、「資格外活動」について就労可能職種等、制度的なあらましと外国人労働者の実際の就労状況を示す。

また、「特定技能」は「専門的・技術的分野の在留資格」の一つで現在その人数は8万人に満たないものの、制度の拡充に伴って技能実習終了者の日本での就労の受け皿として機能することで増加が見込まれる。「高度専門職」も「技術・人文知識・国際業務」の在留資格で就労する人材により安定した在留上の身分を保証するものであり、同様に制度利用の増加が見込まれるため、この2つについても個別に説明する。「身分に基づく在留資格」は日本人と同様、就労活動に制限がないため、就労形態が多様であり、補足的な説明にとどめる。

1 専門的・技術的分野の在留資格

専門的・技術的分野の在留資格は「教授」「芸術」「宗教」「報道」「高度専門職1号・2号」「経営・管理」「法律・会計業務」「医療」「研究」「教育」「技術・人文知識・国際業務」「企業内転勤」「介護」「興行」「技能」「特定技能」[1]からなる（**図表2－1**）。国内の事業法人に勤務する事務系・技術系外国人社員の場合は、「技術・人文知識・国際業務」が中心であり、この資格を主に説明する。

「技術・人文知識・国際業務」は、出入国在留管理庁「『技術・人文知識・国際業務』の在留資格の明確化等について」によると、「本邦の公私の機関との契約に基づくものである」ことが条件となる。国際業務で英会話学校などの語学教師等を除けば、「公私の機関」の大半は民間企業と考えられる。資格の認定にあたっては大学卒業またはこれと同等以上の教育を受けていることが条件となる。大学等は海外のものも含まれる。

業務としては「自然科学又は人文科学の分野に属する技術又は知識を要する業務」または「外国の文化に基盤を有する思考又は感受性を必要とする業務」に従事するとされる。自然科学の分野には、理学、工学、農学、医学、歯学及び薬学等が含まれ、人文科学の分野には法律学、経済学、社会学、文学、哲学、教育学、心理学、史学、政治学、商学、経営学等が含まれる。「外国の文化に基盤を有する思考又は感受性」とは日本国内の文化の中では育てられないような思考または感受性に基づく一定水準以上の専門的能力を背景としたものである。いずれの場合も、前提として、

図表２－１　専門的・技術的分野の在留資格の内訳
（2022年12月末）

（人、％）

区　分	人数	構成比	区　分	人数	構成比
教授	7,343	1.3	教育	13,413	2.3
芸術	502	0.1	技術・人文知識・国際業務	311,961	53.4
宗教	3,964	0.7	企業内転勤	13,011	2.2
報道	210	0.0	介護	6,284	1.1
高度専門職	18,315	3.1	興行	2,214	0.4
経営・管理	31,808	5.4	技能	39,775	6.8
法律・会計業務	151	0.0	特定技能	130,923	22.4
医療	2,467	0.4	合計	583,655	100.0
研究	1,314	0.2			

（資料）　出入国在留管理庁「在留外国人統計」
（注）　高度専門職、特定技能は１号、２号の合計

学術上の素養を背景とする一定水準以上の専門的能力を必要とする活動でなければならず、専攻した科目と従事しようとする業務が関連していることが求められる。また、日本人が従事する場合に受ける報酬と同等額以上の報酬を受けることが条件とされる。

以上から、「技術・人文知識・国際業務」は大卒相当の知識を持った外国人材を前提としており、日本人の大卒ホワイトカラー社員や技術者と同レベルで企業の正社員、中核人材としての役割を担うと見做しうるような人材の受け皿となる在留資格といえる。

また「企業内転勤」は、国内に事業所のある公私の機関の外国の事業所から国内事業所に転勤して「技術・人文知識・国際業務」に相当する活動を行う場合に付与される在留資格である。海外現地法人などに勤務するホワイトカラー社員や技術者の国内転勤を容易にする制度といえる。

「技術・人文知識・国際業務」と「企業内転勤」の在留期間は5年、3年、1年または3ヵ月であり、更新が可能でかつその回数に制限はない。ただし国内で別企業に転職する際には、「技術・人文知識・国際業務」の在留資格者は転職先が条件を満たしていなければ別な在留資格を取得する必要がある。(2) また、「企業内転勤」では勤務企業は固定されているので、転職する場合は在留資格が有効でなくなるため、転職先企業の勤務条件を満たす在留資格への変更が必要となる。

出入国在留管理庁「令和3年における留学生の日本企業等への就職状況について」で外国人留学生が日本企業に就職するにあたり、在留資格変更が許可された際の職務内容（1名につき複数の職務申請・許可が可能）をみると、全許可数28，974名（実数ベース）のうち翻訳・通訳が最も多く（全許可数対比27・4％）、以下、企画事務（マーケ

図表2－2　職務内容別の許可人数（2021年、複数回答）

職務内容	人数	構成比％（延べ人数合計対比）	構成比％（実数合計対比）
翻訳・通訳	7,940	17.1	27.4
企画事務（マーケティング・リサーチ）	3,531	7.6	12.2
海外取引業務	3,476	7.5	12.0
管理業務（経営者を除く）	3,356	7.2	11.6
情報処理・通信技術	3,209	6.9	11.1
法人営業	2,435	5.3	8.4
企画事務（広報・宣伝）	2,210	4.8	7.6
技術開発	2,126	4.6	7.3
会計事務	1,933	4.2	6.7
介護福祉士	1,656	3.6	5.7
生産管理	1,499	3.2	5.2
調査研究	1,205	2.6	4.2
CAD オペレーション	990	2.1	3.4
その他	10,789	23.3	37.2
計	46,355	100.0	

（資料）　出入国在留管理庁「令和3年における留学生の日本企業等への就職状況について」

（注）　延べ人数合計46,355人、実数合計28,974人

ティング・リサーチ）12・2％、海外取引業務12・0％、管理業務（経営者を除く）11・6％、情報処理・通信技術11・1％、法人営業8・4％、企画事務（広報・宣伝）7・6％、技術開発7・3％、会計事務6・7％、介護福祉士5・7％、生産管理5・2％となっている（**図表2－2**）。

この数字をみると「外国の文化に基盤を有する思考又は感受性」が直接関係する翻訳・通訳や海外取引業務の割合が高いが、大半を占めるほどではない。企画事務（マーケティング・リサーチ）や法人営業、企画事務（広報・宣伝）は海外向けであれば関連性が強いが国内向けも対象である。管理業務、情報処理・通信技術、技術開発、会計事務などと合わせて、「自然科学又は人文科学の分野に属する技術又は知識を要する業務」そのものが求められ、日本人の大卒社員と同様な業務をスペシャリスト、或いはゼネラリストとしてこなしていることが見て取れる。以上から、企業は留学生を単に「語学屋」として機能させるのではなく、専門知識を活かして日本人社員と同等な仕事をこなす戦力として期待している側面が大きいと考えられる。

技術・人文知識・国際業務の在留資格を持つ外国人の通算日本滞在期間についての集計結果はないが、出入国在留管理庁「令和2年度 在留外国人に対する基礎調査」によると、

１～３年が22・０％、３～10年が53・７％、10～20年が20・８％という分布となっており、10年以上は24・３％にのぼる。この数字は永住者の82・４％には及ばないものの、定住者の39・４％、日本人の配偶者等38・４％に次ぐもので、企業の正社員、中核人材として長期間日本で活動する人材層が形成されつつあるといえる。

「技術・人文知識・国際業務」の在留資格をもつ人材の供給は、「大学卒業またはこれと同等以上の教育を受けていること」が資格の条件であることから、日本又は海外の大学等の新卒者・既卒者、及び大卒相当の学歴を持つ就業経験者であり他の在留資格からの転換は難しい。技能実習修了者の出身国での最終学歴の割合は中学校（９・５％）、高校（40・１％）でほぼ半分を占める。(3) 専門学校・短期大学が36・１％あるものの、専門学校等で学んだ内容と技能実習で学んだ内容との一致性が保証されるものではなく、「技術・人文知識・国際業務」の資格要件を一般的に満たしうるとは考えにくい。このような事情により、技能実習、及びその延長線上にある特定技能から「技術・人文知識・国際業務」へ移行するには、事前に高等教育を受けなおす必要が生じることになり、在留資格移行上の接点は乏しい。

2 技能実習

現行の外国人技能実習制度は、日本が先進国としての役割を果たしつつ国際社会との調和ある発展を図っていくため、技能、技術又は知識の開発途上国等への移転を図り、開発途上国等の経済発展を担う「人づくり」に協力することを目的としている。開発途上国等の外国人を日本で一定期間（最長5年間）に限り受け入れ、ＯＪＴを通じて技能を移転するものである。技能実習生は、入国直後の講習期間を除き雇用関係の下で労働関係法令等が適用される。

技能実習は実習期間により1号（1年目）、2号（2〜3年目）、3号（4〜5年目）に分かれる。1号から2号への移行及び2号から3号への移行の際、それぞれ基礎級（学科試験及び実技試験）、3級（実技試験）に合格する必要がある。[4] 受入人数は２０２２年までの5年間の平均値で1号（1年目）の11・6万人、2号（2〜3年目）の18・9万人に対し3号（4〜5年目）は3・9万人である。2号、3号は2年分の数であるため、2号は1年次当り9万人台半ば、3号は同2万人弱程度とみられる。従って技能実習は2号終了まで日本に在留する場合が大半であること、2号終了後、帰国もしくは特定技能への移行を選択する場合が多く、3号に進む実習生は少数派であることが読み取れる。

技能実習制度は受入れ機関別に「団体監理型」と「企業単独型」の2つに分かれる。「団体監理型」非営利の監理団体（事業協同組合、商工会等）が技能実習生を受入れ、傘下の企業等で技能実習を実施するものである。「企業単独型」は日本の企業等が海外の現地法人、合弁企業や取引先企業の職員を受け入れて技能実習を実施するものである。外国人技能実習機構によると、2021年度の1～3号までの技能実習計画認定件数[5]17・1万件のうち98・4％が団体監理型でほとんどの場合団体監理型で実習生を受け入れている。

技能実習制度の中心である「団体監理型」の技能実習においては、受入企業、監理団体、現地の送出機関の3者の役割が重要である。このうち送出機関は技能実習生になろうとする者からの技能実習に係る求職の申込みを適切に監理団体に取り次ぐことができる者として、規則第25号において定められている要件に適合する機関である。制度の趣旨を理解して候補者を適切に選定[6]し、送り出す。一方受入企業は技能実習計画を作成し、その技能実習計画が適当である旨の認定を外国人技能実習機構から受ける必要がある。団体監理型の場合、受入企業（実習実施者）は技能実習計画の作成にあたり、実習監理を受ける監理団体の指導を受ける。監理団体は許可制で[7]、技能実習1号、2号の監理が可能な特定監理事業と、1~3号の監理が可能な一般監理事業に分かれ、2023年7月現在で前者が1,743団体、後者が1,909団体ある。

技能実習1号の最初の2ヵ月は座学の講習に充てられ、「団体監理型」であれば監理団体が、「企業単独型」であれば受入企業が講習を実施する。講習修了後に実習生と受入企業が雇用契約を締結して実習が行われる。2号から3号に移行する際、技能実習生はいったん自国に1ヵ月以上帰国しなければならない。

技能実習制度を適用できる対象職種・作業域は定められており、それ以外の技能実習計画で実習生を受け入れることはできない。対象職種は大まかに7つに分かれ、2023年5月末現在、農業関係(2職種6作業)、漁業関係(2職種10作業)、建設関係(22職種33作業)、食品製造関係(11職種18作業)、繊維・衣服関係(13職種22作業)、機械・金属関係(15職種29作業)、その他(20職種37作業)である。その他は大項目以外の製造業の職種や塗装・溶接など現場作業、介護などである。それ以外に社内検定型の職種・作業として2職種4作業がある。

技能実習を実施する企業などが技能実習生を受入れることができる人数は、基本的に企業の常勤職員総数によって上限が決まっている。団体監理型の場合、技能実習１号の受入れ上限人数（基本人数枠という）は、常勤職員30人以下は３人、31～40人は４人、41～50人は５人、51～１００人は６人、１０１～２００人は10人、２０１～３００人は15人、３０１人以上は常勤職員総数の20分の１である。技能実習２号は基本人数枠の２倍までの受入れが認められる。受入企業が「優良な実習実施者[8]」と認められれば１号、２号、３号別にそれぞれ基本人数枠の２倍、４倍、６倍の受入れが認められる。

法務省によると、職種別の２０２２年６月末時点の技能実習生の受入人数は農業関係が２・９万人、漁業関係０・３万人、建設関係

図表２－３　職種別技能実習外国人数
（2022年６月末）

（人、％）

職種・作業	人数	構成比	職種・作業	人数	構成比
農業関係	28,902	8.8	その他	88,374	27.0
漁業関係	2,974	0.9	うちプラスチック成形	15,904	4.9
建設関係	72,039	22.0	うち塗装	10,551	3.2
食品製造関係	63,471	19.4	うち溶接	17,710	5.4
うち惣菜製造業	31,341	9.6	うち工業包装	10,580	3.2
繊維・衣服関係	18,279	5.6	うち介護	15,011	4.6
機械・金属関係	49,692	15.2	非移行対象職種	3,958	1.2
			合計	327,689	100.0

（資料）　法務省
（注１）　非移行対象職種は技能実習第１号から２号に移行できない職種を指す
（注２）　内訳は１万人以上の作業分野を記載

7・2万人、食品製造関係6・3万人、繊維・衣服関係1・8万人、機械・金属関係5・0万人、その他8・8万人となっている（**図表2－3**）。その他で多い作業分野は溶接1・8万人、プラスチック成形1・6万人、介護1・5万人、工業包装1・1万人、塗装1・1万人などである。産業別には製造業が約半分を占め、約2割の建設業とともに技能実習において中心的な存在となっている[9]。

国籍別にはベトナムが最も多い。厚生労働省「外国人雇用状況」によると、2022年10月末時点で、技能実習生34・3万人のうちベトナムが18・3万人（構成比53・3％）と半分以上を占める（前掲図表1－8参照）。

コラム1　技能実習制度の見直しについて

現行の技能実習制度は「人材育成を通じた国際貢献」を目的としているが、国内で人手不足が深刻化している現状に鑑み、国際貢献という趣旨は失うことなく人権にも配慮した形で海外から労働者を雇用し、受け入れることができるような形に見直していくべきとの議論が高まっている。国際的な人材獲得競争が激しさを増すなかでは、日本が外国人材に選ばれる国になるような制度設計の必要性も高まっている。

技能実習制度及び特定技能制度の在り方に関する有識者会議は2023年11月に最終報告書をまとめ、「現行の技能実習制度を実態に即して発展的に解消し、人手不足分野における人材確保や、基本的に3年間の就労を通じた育成期間で特定技能1号の技能水準の人材に育成することを目指す新たな制度を創設して、適正化方策を講じた特定技能制度と連続性を持たせる」ことを提言した。人材確保に関しては、「人権の保護を前提とした上で、地方における人材確保も図られるようにする」としている。

提言では新たな制度において、「未熟練労働者として受け入れた外国人を、基本的に3年間の就労を通じた育成期間において計画的に特定技能1号の技能水準の人材に育成することを目指す」とし、特定技能へのスムーズな移行を通じ長期間日本で働くことを可能にすることを強く意識している。新たな制度の受入れ対象分野は、「特定技能制度における「特定産業分野」が設定される分野に限る」としており、新たな制度と特定技能制度の接続性強化を図ろうとしている。

外国人の人権保護の観点からは、現行の技能実習制度では新たな制度において、現行の技能実習制度で認められている「やむを得ない事情がある場合」のみ認められていた別企業への転籍の範囲を拡大・明確化し、手続の柔軟化を図ることを目指している。更に、監理団体・登録支援機関・受入れ機関の要件厳格化や関係機関の役割の明確化等の措置も講じるとし、外国人との共生社会の実現という観点からは「外国人材の日本語能力が段階的に向上する仕組みを設けることなどにより、外国人材の受入れ環境を整備する取組とあいまって、外国人との共生社会の実現を目指す」としている。

3 資格外活動（アルバイト等）

既に在留資格を保持している外国人で、その在留資格では就労できない場合に、資格外活動許可を得ることで就労が可能である。１週について28時間以内に限りアルバイトとしての就労が許可される。「留学」の在留資格を持つ留学生のアルバイト活動が典型で、他に「家族滞在」の在留資格者や、継続就職活動又は内定後就職までの在留を目的とする「特定活動」の在留資格者などのアルバイト活動も対象となる。

厚生労働省「外国人雇用状況」で２０２２年10月末時点の資格外活動で就業する外国人33・１万人の産業別内訳をみると、宿泊業、飲食サービス業が10・７万人（構成比33・２％）

と最も多く、以下、卸売業・小売業6・7万人（20・2%）、他に分類されないサービス業6・6万人（20・0%）と続き、主としてサービス業・商業に従事する者が多い。日本学生支援機構「令和3年度 私費外国人留学生生活実態調査」をみても、留学生の大半を占める私費留学生のアルバイトの職種（複数回答）は「飲食業」の35・0%、「営業・販売（コンビニ等）」の30・2%の割合が際立って高く、留学生のアルバイトは飲食業の接客・調理等やコンビニ店員が中心である。それ以外では「工場での組立作業」の6・1%、「ティーチングアシスタント・リサーチアシスタント」の5・6%となっている。

コラム2 雇用形態別仕事の難易度

外国人を雇用する企業は雇用形態別にどのような難易度の仕事を割り振っているのであろうか。日本政策金融公庫「中小企業における外国人労働者の役割～『外国人材の活用に関するアンケート』から～」によると、正社員では「難しくはないが、多少の訓練や慣れが必要な仕事」「ある程度の熟練が必要な仕事」「高度な熟練や専門的な知識・技術が必要な仕事」がそれぞれ3割前後を占める（**図表2−4**）。高度人材の役割から多少の習熟が必要な仕事を長期にわたり任せたい場合まで難易度にかなりの幅がある。非正社員は「入社してすぐにできる簡単な仕事」「難しくはないが、多少の訓練や慣れが必要な仕事」の2つが大半を占め、「入社してすぐにできる簡単な仕事」が10・5％の技能実習生より難度が低い。技能実習と異なり教育を施す必要性が低い事情を反映している。技能実習では「多少の訓練や慣れが必要な仕事」が6割を超えるが、「ある程度の熟練が必要な仕事」も24・7％あり、一部の企業ではやや高度な仕事を任せ、技能実習生のスキルアップを進めているケースもある。

図表2－4　雇用形態別仕事の難易度

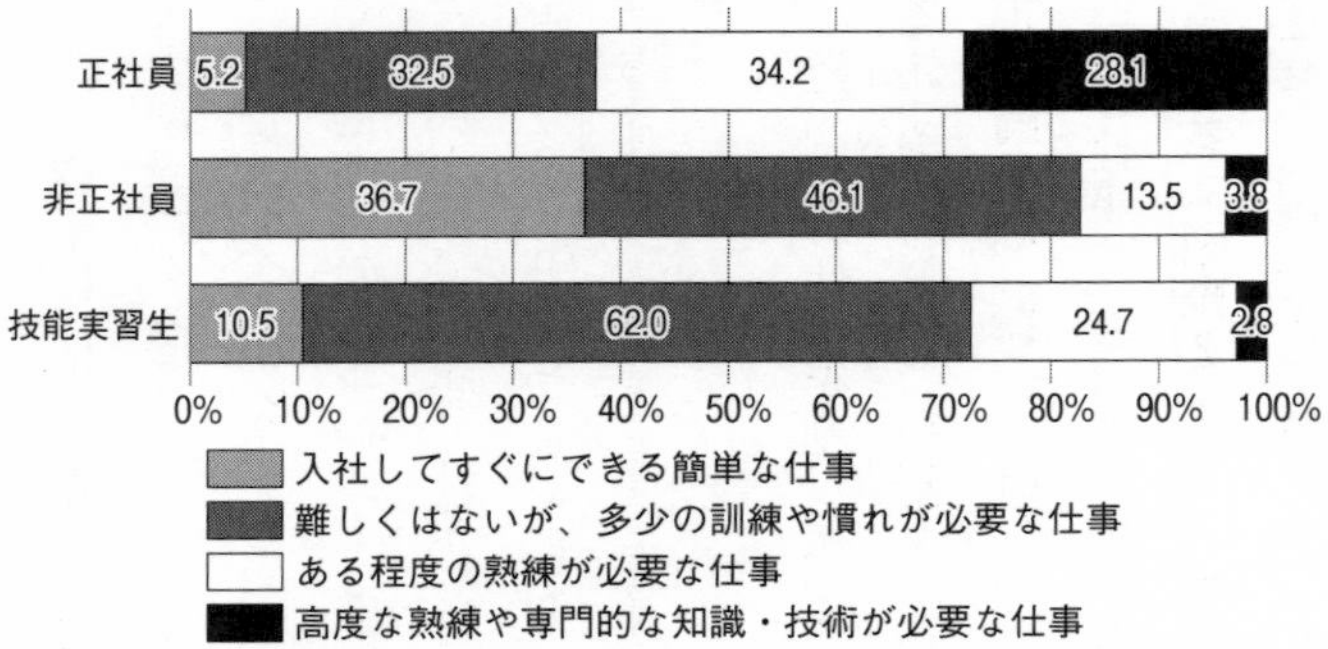

（資料）　日本政策金融公庫「中小企業における外国人労働者の役割～『外国人材の活用に関するアンケート』から～」（2016）
（注）　企業による回答

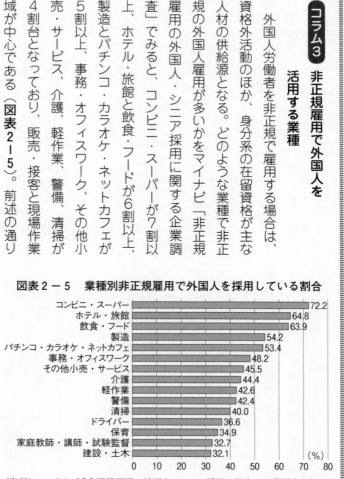

コラム3　非正規雇用で外国人を活用する業種

外国人労働者を非正規で雇用する場合は、資格外活動のほか、身分系の在留資格が主な人材の供給源となる。どのような業種で非正規の外国人雇用が多いかをマイナビ「非正規雇用の外国人・シニア採用に関する企業調査」でみると、コンビニ・スーパーが7割以上、ホテル・旅館と飲食・フードが6割以上、製造とパチンコ・カラオケ・ネットカフェが5割以上、事務・オフィスワーク、その他小売・サービス、介護、軽作業、警備、清掃が4割台となっており、販売・接客と現場作業域が中心である（**図表2－5**）。前述の通り

図表2－5　業種別非正規雇用で外国人を採用している割合

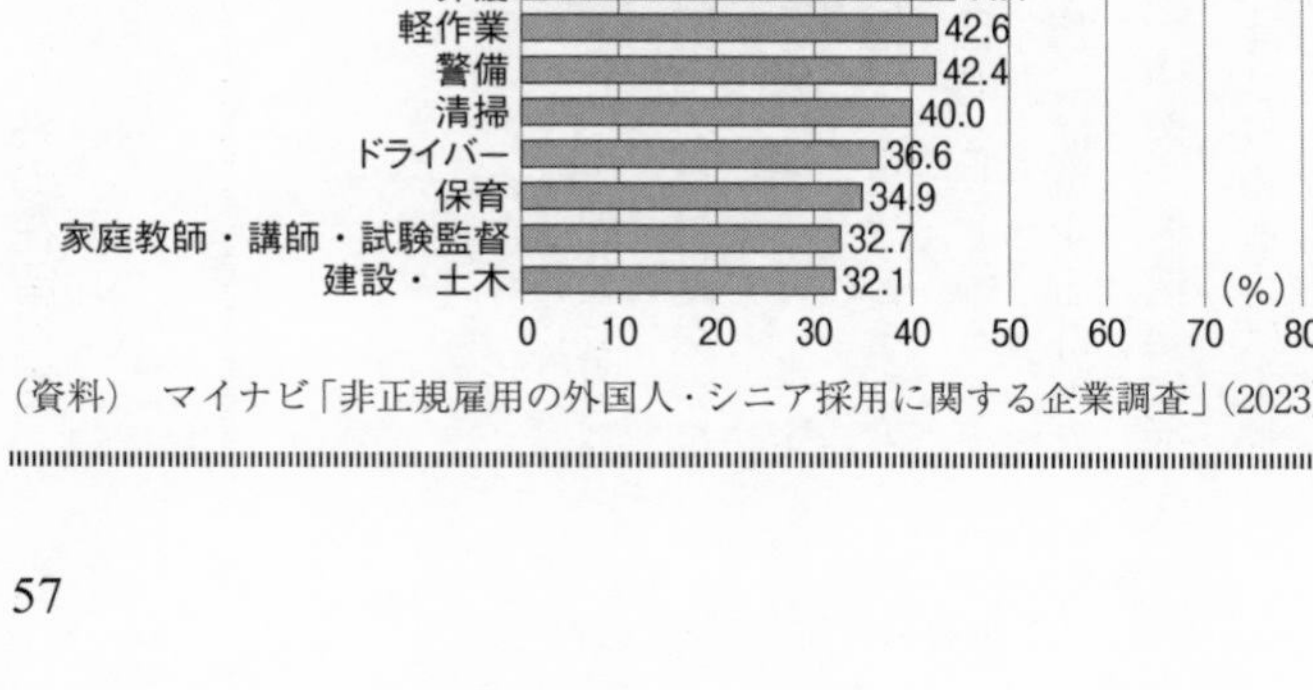

（資料）　マイナビ「非正規雇用の外国人・シニア採用に関する企業調査」(2023)

留学生はコンビニや飲食店の販売・接客が多い一方、それ以外では身分系の在留資格者が中心と考えられる。

4 特定技能

特定技能は、一定の専門性・技能を有し、即戦力となる外国人を受け入れる制度である。中小・小規模事業者の人手不足深刻化に対応するため、生産性向上や国内人材の確保のための取組を行ってもなお人材を確保することが困難な状況にある産業分野において、一定の専門性・技能を有し即戦力となる外国人を受け入れていく仕組みを構築することを制度の趣旨としている。すなわち人手不足に対応する外国人労働力確保を目的としている。

特定産業分野に属する「相当程度の知識又は経験」を必要とする業務に従事する外国人を対象とする特定技能1号と、特定産業分野に属する「熟練した技能」を要する業務に従事する外国人を対象とする特定技能2号とに分かれる。なお、特定技能2号の取得は1号を取得していることが前提である。特定技能が付与される分野とその細目である業務区分は定められている。また、特定技能は技能実習と異なり同一の業務区分であれば転職が可能である[10]。特定技能は2019年4月から受入れが開始された。

特定技能1号の在留期間は、1年、6ヵ月または4ヵ月ごとに更新し通算で上限5年までで、2号は3年、1年または6ヵ月ごとの更新で上限がない。また、特定技能1号では認められていない家族の帯同が可能である。技能実習と特定技能を接続した場合の在留期間は**図表2−6**のようになる。

特定技能は新規入国予定の外国

図表2−6　技能実習・特定技能の在留年数イメージ

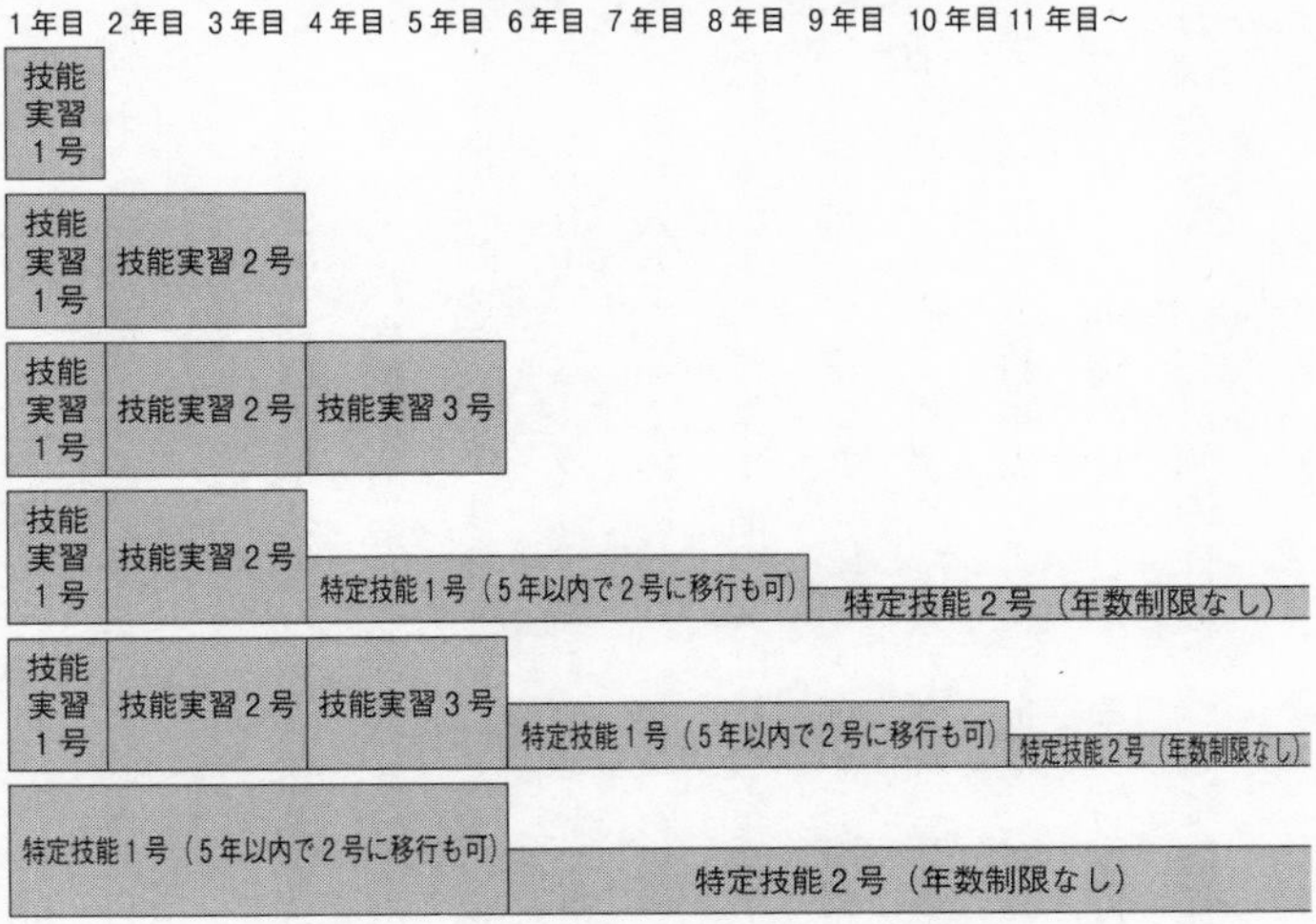

（資料）　出入国在留管理庁

（注）　特定技能2号への移行にあたり1号を5年続けることは条件でなく、より短期に2号に移行することも可能である

人[11]、技能実習2号を修了した外国人[12]、留学生の受け入れが想定されているが、技能実習2号修了者は技能試験及び日本語試験が免除される。技能実習を終了した外国人の日本企業での定着を図ることが意識されている。

政府は近年の人手不足の状況に鑑み、特定産業分野毎に特定技能の受入れ見込数（5年間の最大値）を試算している。見込数の多い順に、飲食料品製造業87，200人、介護50，900人、素形材・産業機械・電気電子情報関連製造業49，750人、農業36，500人、建設34，000人、外食業30，500人、ビルクリーニング20，000人、宿泊11，200人、造船・船舶工業11，000人となっている。

特定技能1号の受け入れにあたっては、職業生活上、日常生活上又は社会生活上の支援として必要であるとして省令で定められた、①事前ガイダンス、②出入国する際の送迎、③住居確保・生活に必要な契約支援、④生活オリエンテーション、⑤公的手続等への同行、⑥日本語学習の機会の提供、⑦相談・苦情への対応、⑧日本人との交流促進、⑨転職支援（人員整理等の場合）、⑩定期的な面談・行政機関への通報の10項目からなる特定技能外国人の支援計画[13]を策定し、支援を行わなければならないが、計画の作成については登録支援機関に委託することができる。

特定技能1号による外国人の受入れ分野は介護分野、ビルクリーニング分野、素形材・産業機械・電気電子情報関連製造業分野、建設分野、造船・舶用工業分野、自動車整備分野、航空分野、宿泊分野、農業分野、漁業分野、飲食料品製造業分野、外食業分野の12分野である。特定技能2号は2023年8月現在、建設分野、造船・舶用工業分野の2分野であるが拡充が予定されている。(14)

技術・人文知識・国際業務との違いは、特定技能が分野毎の受入れで、かつ技能試験を課し要求水準を明確化していることである。このことは、特定技能では特に現場における技能が重視されることを意味する。一方、技術・人文知識・国際業務では機械工学技術者、システムエンジニアプログラマー、CAD、CAEを使用する業務、機械工学、技術開発などが想定され、特定の業種に要求される特殊な技能ではなく、技術者の汎用的な能力の発揮が期待されている。

なお、技能実習2号から特定技能1号への移行については前者の全ての職種・作業が後者の分野（業務区分）に対応しているのではないことに注意する必要がある。具体的には技能実習2号の移行対象職種(15)のうち、繊維・衣服関係13業種全て、その他20職種のうち家具製作、印刷、製本、強化プラスチック成形、紙器・段ボール箱製造、陶磁器工業製品製

図表２－７　技能実習の職種と特定技能の業務区分の対応関係（2023年３月末現在）

1　農業関係

技能実習２号職種	特定技能１号における業務区分の対応
耕種農業	○
畜産農業	○

2　漁業関係

技能実習２号職種	特定技能１号における分野の対応の有無
漁船漁業	○
養殖業	○

3　建設関係

技能実習２号職種	特定技能１号における分野の対応の有無
さく井	○
建築板金	○
冷凍空気調和機器施工	○
建具製作	○
建築大工	○
型枠施工	○
鉄筋施工	○
とび	○
石材施工	○
タイル張り	○
かわらぶき	○
左官	○
配管	○
熱絶縁施工	○
内装仕上げ施工	○
サッシ施工	○
防水施工	○
コンクリート圧送施工	○
ウエルポイント施工	○
表装	○
建設機械施工	○
築炉	○

4　食品製造関係

技能実習２号職種	特定技能１号における分野の対応の有無
缶詰巻締	○
食鳥処理加工	○
加熱性水産加工食品製造業	○
非加熱性水産加工食品製造業	○
水産練り製品製造	○
牛豚食肉処理加工業	○
ハム・ソーセージ・ベーコン製造	○
パン製造	○
そう菜製造業	○
農産物漬物製造業	○
医療・福祉施設給食製造	○

5　繊維・衣服関係

技能実習２号職種	特定技能１号における分野の対応の有無
紡績運転	×
織布運転	×
染色	×
ニット製品製造	×
たて編ニット生地製造	×
婦人子供服製造	×
紳士服製造	×
下着類製造	×
寝具製作	×
カーペット製造	×
帆布製品製造	×
布はく縫製	×
座席シート縫製	×

6　機械・金属関係

技能実習２号職種	特定技能１号における分野の対応の有無
鋳造	○
鍛造	○
ダイカスト	○
機械加工	○
金属プレス加工	○
鉄工	○
工場板金	○
めっき	○
アルミニウム陽極酸化処理	○
仕上げ	○
機械検査	○
機械保全	○
電子機器組立て	○
電気機器組立て	○
プリント配線板製造	○

7　その他

技能実習２号職種	特定技能１号における分野の対応の有無
家具製作	×
印刷	×
製本	×
プラスチック成形	○
強化プラスチック成形	×
塗装	○
溶接	○
工業包装	○
紙器・段ボール箱製造	×
陶磁器工業製品製造	×
自動車整備	○
ビルクリーニング	○
介護	○
リネンサプライ	×
コンクリート製品製造	×
宿泊	○
RPF 製造	×
鉄道施設保守整備	×
ゴム製品製造	×
鉄道車両整備	×

社内検定型の職種・作業

技能実習２号職種	特定技能１号における分野の対応の有無
空港グランドハンドリング	航空機地上支援のみ○
ボイラーメンテナンス	×

（資料）　出入国在留管理庁「外国人材の受入れ及び共生社会実現に向けた取組」

造、リネンサプライ、コンクリート製品製造、ＲＰＦ製造[16]、鉄道施設保守整備、ゴム製品製造、鉄道車両整備は特定技能1号の分野の対象外である（**図表2－7**[17]）。

出入国在留管理庁「特定技能制度運用状況」で、２０２２年12月末現在の特定技能在留外国人１３０，９２３人を分野別に多い順にみると、飲食料品製造業が４２，５０５人（構成比32・5％）、素形材・産業機械・電気電子情報関連製造業２７，７２５人（21・2％）が多く、製造業が中心である。以下、農業１６，４５９人（12・6％）、介護１６，０８１人（12・3％）、建設１２，７７６人（９・８％）などとなっている。国籍別には技能実習同様ベトナムが最も多く、７７，１３７人と全体の58・9％を占める。なお、特定技能2号の在留外国人数は制度開始の歴史が浅いこと、1号からの移行が条件であることから、２０２３年5月現在11名にとどまっている。

5　在留資格「高度専門職」について

「専門的・技術的分野の在留資格」（第1章参照）の一つに「高度専門職」がある。これは高度外国人材の受入れを促進するため、高度外国人材に対しポイント制を活用した出入国在留管理上の優遇措置を講ずるものである。高度外国人材の活動内容を「高度学術研究活動」「高度専門・技術活動」「高度経営・管理活動」の3つに分類し、それぞれの特性に応じて「学歴」「職歴」「年収」などの項目ごとにポイントを設け、ポイントの合計が一定点数（70点）に達した場合に出入国在留管理上の優遇措置を与える。

高度専門職は1号と2号に分かれ、1号は「複合的な在留活動の許容、在留期間5年」の付与、在留歴に係る永住許可要件の緩和などの優遇措置が付与される。2号はほぼ全ての就労資格の活動を行うことができ、在留期間が無期限となる。高度専門職2号は1号で3年以上活動を行っていた外国人が対象となる。また、高度専門職1号は（イ）高度学術研究活動、（ロ）高度専門・技術活動、（ハ）高度経営・管理活動の3つに分類され、このなかで企業勤務は（ロ）に該当する。2022年末時点で高度専門職1号のなかに占める（ロ）の割合は81・6%を占め、高度専門職の中心となっている。

入出国管理統計によると、2022年時点の高度専門職は18,315人である。同年中の高度専門職への在留資格変更許可数は7,038人、新規に高度専門職の在留資格を得て入国した外国人は1,673人であることから、高度専門職の成り手は技術・人文知識・国際業務など他の就労系在留資格の変更が中心とみられる。

実際、高度専門職人材の属性について「高度外国人材⒅の受入れに関する政策評価書」（2019）でみると、高度外国人材の認定を受ける直前の在留資格は他の就労資格が86・6％と大半を占めた。他の就労資格のなかでは技術・人文知識・国際業務が4分の3（75・2％）を占める。留学から直接高度専門職に至った割合は2・1％で、新規は7・7％であった。一方、高度外国人材の最終学歴は54・4％が日本国内の教育機関、42・2％が日本以外の教育機関で、必ずしも日本の大学等出身とは限らない。このことは前段の推測を裏付けるものであるとともに、高度な職務に従事する人材では国内大学出身以外の人材を日本に引き付けることも重要であることを示しているといえるだろう。

6　身分に基づく在留資格について

入管法上で定められている永住者、日本人の配偶者等、永住者の配偶者等、定住者⒆は就く職業、兼業、転職、就業時間等に関しては日本人と同様であり、技術・人文知識・国際業務など就業系の在留資格と異なり、民間企業に就職する場合、制限はないと考えてよい⒇。

ただ、在留資格更新に関しては、手続きなしで在留期間が無期限とされるものは永住者のみである[21]。それ以外の3カテゴリは5年、3年、1年または6ヵ月毎に更新が必要で、都度身分や地位が資格要件を満たしているかどうかが審査されるため、更新回数に限度はないものの、日本での在住が無条件に保証されるものではない（**図表2－8**）[22]。このため永住者以外の在留資格に関しては企業が長期に雇用関係を持つ場合、在留資格の更新が円滑になされているどうかに留意する必要がある。

7 外国人労働者に対する労働関係法令の適用

労働関係法令の適用については、日本国内で就労する限り、日本人、外国人を問わず、原則として労

図表2－8　在留期間の上限がない在留資格の手続きと転職制限

	在留資格更新頻度	異なる職種への転職
永住者	更新不要	制限なく可
日本人の配偶者等	5年、3年、1年または6ヵ月毎	制限なく可
永住者の配偶者等		制限なく可
定住者		制限なく可
技術・人文知識・国際業務	5年、3年、1年または3ヵ月毎	制限あり
特定技能2号	3年、1年または6か月毎	制限あり
高度専門職2号	更新不要	ほぼ制限なく可（要手続）

（資料）出入国在留管理庁HPより筆者作成
（注）ただし永住者、高度専門職2号でも在留カード更新は必用である

働関係法令が適用される。労働基準法、最低賃金法、労働安全衛生法、労働者災害補償保険法等の適用を受け、雇用保険法についても、日本国で就労する外国人については、原則として、国籍の如何を問わず被保険者として取り扱う。

また、労働基準法第3条は、労働条件面での国籍による差別を禁止している。このことは求人募集をする際、国籍に関する内容を記載することを禁じることを意味する。従って、募集対象を日本人に限定することも、逆に外国人に限定することも認められない。

注

(1) 料理人、建築家、宝石加工、パイロット、スポーツ指導者などで必ずしも企業勤務を前提としない。

(2) 転職・退職等で会社を辞めたときは14日以内に、出入国在留管理庁に契約機関との契約が終了したことを届け出なければならない。新たに就職する場合も同様に届け出る。この際、「技術・人文知識・国際業務」の在留資格が有効であれば資格の変更手続きを行う義務はないが、新しい勤務先での業務が資格要件を満たしていなければ、資格更新が不許可になるリスクがある。このような場合、「就労資格証明書」の発行を出入国在留管理庁に申請して、新しい会社の業務内容が資格要件を満たしているか確認する。

(3) 出入国在留管理庁「令和2年度 在留外国人に対する基礎調査」。

（4）２０２１年度基礎級の合格率は学科試験が99・０％、実技試験が99・２％、３級が93・１％であった。
（5）認定計画は１人１件でカウントされる。
（6）候補者のなかから実習生を選抜する行程には受入企業が直接現地に赴き面接するなど、関与するのが一般的である。
（7）外国人技能実習機構の調査を経て主務大臣（厚生労働大臣）が許可する。
（8）実習実施者が第３号技能実習を行うには、外国人技能実習機構への技能実習計画の認定申請の際に「優良要件適合申告書を提出し、技能等の修得をさせる能力につき高い水準を満たすものとして主務省令で定める基準に適合している実習実施者として、外国人技能実習機構から優良認定を受けることを要する。この認定を受けることで基本人数枠を超える受入れが可能となる。監理団体が第３号技能実習の実習監理を行う場合も同様の認定を受ける必要がある。
（9）厚生労働省「外国人雇用状況」（２０２２年10月末）による。
（10）転職に当たり、受入れ機関（所属企業）または特定技能の分野を変更する場合は、特定技能在留資格の変更許可申請を行う必要がある。
（11）この場合、技能実習２号以上を終了し、母国に帰国している外国人が主な対象と考えられる。技能実習２号まで終了していれば現在の居住地・在留資格の有無にかかわらず技能試験・日本語試験は免除される。
（12）技能実習３号終了後特定技能に移行することも可能である。
（13）特定技能２号には支援計画の作成義務はない。

(14)　2023年6月9日の閣議決定により、特定技能1号の12の特定産業分野のうち、介護分野以外の11の特定産業分野において特定技能2号の受入れが可能となった。実施時期は2023年8月現在未定。

(15)　移行対象職種とは第1号技能実習から第2・3号技能実習への移行が認められる職種を指す。

(16)　産業系廃棄物のうち、マテリアルリサイクルが困難な古紙及び廃プラスチック類を主原料とした高品位の固形燃料のこと。

(17)　このほかに社内検定型のボイラーメンテナンスと、グランドハンドリングの作業のうち航空貨物取扱、客室清掃が対象外である。

(18)　高度専門職という呼称は在留資格としてのもので、高度人材は人材のカテゴリとして本人の知的資質や一定の研鑽、習熟が求められる職種を担う人材を表す用語として一般的に用いられるが、政策評価書のなかでは概ね同義に扱っている。

(19)　日系3世やその配偶者、定住者の実子、日本人や永住者の配偶者の実子（いわゆる連れ子）、日本人や永住者の配偶者と離死別後に引き続き在留を希望する人などが主に該当する。いわゆる難民認定を受けた人もこのカテゴリに含まれる。

(20)　国籍条項が適用される職業は外務公務員、公職政治家など極めて一部に限られる。

(21)　永住許可の法律的な要件としては、①素行が善良であること、②独立の生計を営むに足りる資産又は技能を有すること、③その者の永住が日本国の利益に合すると認められること、の3つがあり、更に③については原則として引き続き10年以上日本に在留していることが条件となるなど、他の3カテゴリよりも条件が厳しい。ただし、日本人、永住者及び特別永住者の配偶者の場合や「定住者」

の在留資格で5年以上継続して日本に在留している場合などは10年在留のルールに緩和措置がある。

(22) 婚姻関係などについて改めて確認される。

第3章 外国人労働者の日本語能力とモチベーション・待遇

第３章では日本で就労する外国人労働者の能力や意識、待遇の現状について確認する。日本国内の企業勤務に際して能力面では日本語能力が重要であるが、在留資格別で様相が大きく異なる点に注意が必要である。本章では日本語能力の尺度として重視される日本語能力試験についても説明する。潜在能力の指標として学歴と専攻が重要である。就労に関してはモチベーションも重要であり、滞在希望、扶養家族の有無など意識面・家族構成面についてみていく。更に待遇面に関して、労働時間や賃金水準の現状について在留資格別にみていく。

1 日本語能力

日本企業、特に国内事業所では日本語が主に用いられ、英語等を公用語とする企業は極めて限られる。従って、外国人労働者にも相当程度の日本語能力が求められ、単純作業でない高度な業務では、日本人社員や日本人顧客との頻繁なコミュニケーションのため、日常会話を超えた日本語能力が求められる。

出入国在留管理庁「在留外国人に対する基礎調査（令和3年度）」の調査結果を基に、日本で就労する外国人労働者の主な在留資格である永住者、技能実習、技術・人文知識・国際業務、留学別の日本語能力の自己評価を「聞く・話す」能力と、「読む」に分けてみたのが**図表3－1**である。ここで留学生は労働力としてはアルバイトを担うとともに、卒業後その全てではないが技術・人文知識・国際業務に移行する。このため、技術・人文知識・国際業務は留学と類似した日本語能力のバックグラウンドを持ち、かつ留学生より高い日本語能力を有するものとみられる。

「聞く・話す」能力については、「幅広い話題について自由に会話ができる」の割合が永

図表3－1　在留資格別日本語能力の自己評価

聞く・話す（単数回答）　（%）

	幅広い話題について自由に会話ができる	効果的に言葉を使うことができる	長い会話に参加できる	身近な話題についての会話はできる	日常生活に困らない程度に会話できる	基本的な挨拶の会話はできる	日本語での会話はほとんどできない
永住者	39.2	11.0	9.5	9.3	19.8	8.7	2.4
技能実習	3.1	4.1	3.5	21.0	33.3	31.3	3.6
技術・人文知識・国際業務	29.4	17.0	14.6	14.4	16.6	6.3	1.6
留学	15.4	15.4	12.5	22.3	22.9	10.8	0.6

（資料）　出入国在留管理庁「在留外国人に対する基礎調査（令和3年度）」

読む（単数回答）　（%）

	幅広い場面で使われる日本語を理解することができる	日常的な場面で使われる日本語の理解に加え、より幅広い場面で使われる日本語をある程度理解することができる	日常的な場面で使われる日本語をある程度理解することができる	基本的な日本語を理解することができる	基本的な日本語をある程度理解することができる	あまり分からない	全く分からない
永住者	37.1	17.7	14.9	8.0	8.8	10.6	2.9
技能実習	0.9	4.6	23.1	30.8	29.2	9.4	2.0
技術・人文知識・国際業務	41.9	29.0	13.3	6.8	5.0	2.4	1.6
留学	33.1	36.2	20.4	5.3	2.4	1.9	0.7

（資料）　出入国在留管理庁「在留外国人に対する基礎調査（令和3年度）」

住者で最も高く、日本在住経験の長さにより培われた一般常識を駆使した会話能力に強みがあることを窺わせる。一方で、「効果的に言葉を使うことができる」「長い会話に参加できる」は、技術・人文知識・国際業務、留学で割合が高い。在留期間では永住者には及ばないにせよ、知的な資質が高く「伸びしろ」が大きいと考えられる。技能実習は「身近な話題についての会話はできる」「日常生活に困らない程度に会話できる」「基本的な挨拶の会話はできる」が大半を占め、限られた実習期間の間での日本語能力の伸長には限度があり、技術・人文知識・国際業務との間で差がある状況が見て取れる。

同調査では仕事、学業、生活上での会話能力についても調べている。「日本人と同程度に会話できる」「仕事や学業に差し支えない程度に会話できる」「日常生活に困らない程度に会話できる」「日本語での会話はほとんどできない」の択一で、「日本人と同程度に会話できる」「仕事や学業に差し支えない程度に会話できる」の割合が、技術・人文知識・国際業務でそれぞれ22・8%、42・5%、留学が9・5%、45・8%である。永住者の各41・2%、27・7%には及ばないが、定住者の各25・2%、15・7%と比べても日本語を使用する職場環境に適応できるだけの日本語能力を備えた人材が相当割合で存在することが見て取れる。前述の通り留学生は飲食業の接客等やコンビニ店員などのアルバイトが多く、日本語能力の高さを活かしているといえる。

「読む」能力については、「幅広い場面で使われる日本語を理解することができる」は技術・人文知識・国際業務で最も割合が高い（**図表3－1**）。「日常的な場面で使われる日本語の理解に加え、より幅広い場面で使われる日本語をある程度理解することができる」も技術・人文知識・国際業務と留学で割合の高さが目立つ。永住者は読む能力の高い人の割合が高い一方で、そうでない割合も相当割合で存在し、能力にややばらつきがある。総じて技術・人文知識・国際業務と留学の2つの在留資格の「読む」能力は永住者と同等もしくはそれ以上に高い。技能実習生はここでも「日常的な場面で使われる日本語をある程度理解することができる」以下2項目に集中し、技術・人文知識・国際業務などよりやや劣る。

以上から技能実習生は、技術・人文知識・国際業務や（その前段階の）留学生とは日本語能力の評価には差がある。特定技能に移行するなどして日本企業に長期に在籍し中核的な業務を担っていくには、外国人労働者の日本語能力に関し職場からの一定のフォローが必要な状況が示唆される。

2 日本語能力の基準と企業で求められる水準

現実に企業でどの程度の日本語能力が求められているかについてみてみよう。多くの企業では国際交流基金と日本国際教育支援協会が主催する「日本語能力試験」（ＪＬＰＴ）が最も多く用いられる。試験はレベルの高い順にＮ１、Ｎ２、Ｎ３、Ｎ４、Ｎ５に分けて実施される（**図表３－２**）。Ｎ１とＮ２は現実の生活の幅広い場面での日本語理解レベルを、Ｎ４とＮ５は教室内で学ぶ日本語の理解レベルを測るものでＮ３はその橋渡しのレベルとされる。

Ｎ１は「幅広い場面で使われる日本語を理

図表３－２　日本語能力試験の認定目安と受験状況

	認定目安	受験者数	認定者数	合格率
N1	幅広い場面で使われる日本語を理解することができる	90,299	27,246	30.2%
N2	日常的な場面で使われる日本語の理解に加え、より幅広い場面で使われる日本語をある程度理解することができる	103,093	38,505	37.3%
N3	日常的な場面で使われる日本語をある程度理解することができる	75,210	35,332	47.0%
N4	基本的な日本語を理解することができる	55,544	25,323	45.6%
N5	基本的な日本語をある程度理解することができる	32,359	17,499	54.1%

（資料）　日本語能力試験公式ウェブサイト（国際交流基金・日本国際教育支援協会）より筆者作成

（注）　受験状況は2022年第１回試験のデータで日本国内、海外受験の合計値

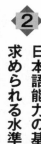

解することができる」とされ、読む能力では新聞の論説、評論などの文章構成や内容を理解することができるレベル、聞く能力では会話やニュース、講義を聞いて、話の流れや内容、登場人物の関係や内容の論理構成などを詳細に理解し、要旨を把握できるレベルを想定している。N2は「日常的な場面で使われる日本語の理解に加え、より幅広い場面で使われる日本語をある程度理解することができる」とされる。具体的には読む能力では平易な評論など、論旨が明快な文章を読んで文章の内容を理解し、聞く能力では自然に近いスピードの、会話やニュースを聞いて、話の流れや内容を理解し、要旨を把握するレベルを想定している。N3は「日常的な場面で使われる日本語をある程度理解することができる」とされる。N4は「基本的な日本語を理解することができる」、N5は「基本的な日本語をある程度理解することができる」とされる。試験は日本国内及び海外で年2回実施される。

静岡県が県内事業所に対して行ったアンケート調査から、定住外国人の雇用経験がある事業所が外国人採用に際し、業務に求められる聞く、読む、話す、書くの4技能における最低限の日本語能力を日本語能力試験の基準に当てはめた結果をみると、各分野ともN2以上からN4程度まで要求水準は幅広く分布している。読む、書くの2技能でN5程度とする割合がやや高く、要求水準を低めに設定している（**図表3－3**）。

図表３－３　企業が外国人労働者に求める最低限の日本語能力（日本語能力試験基準）

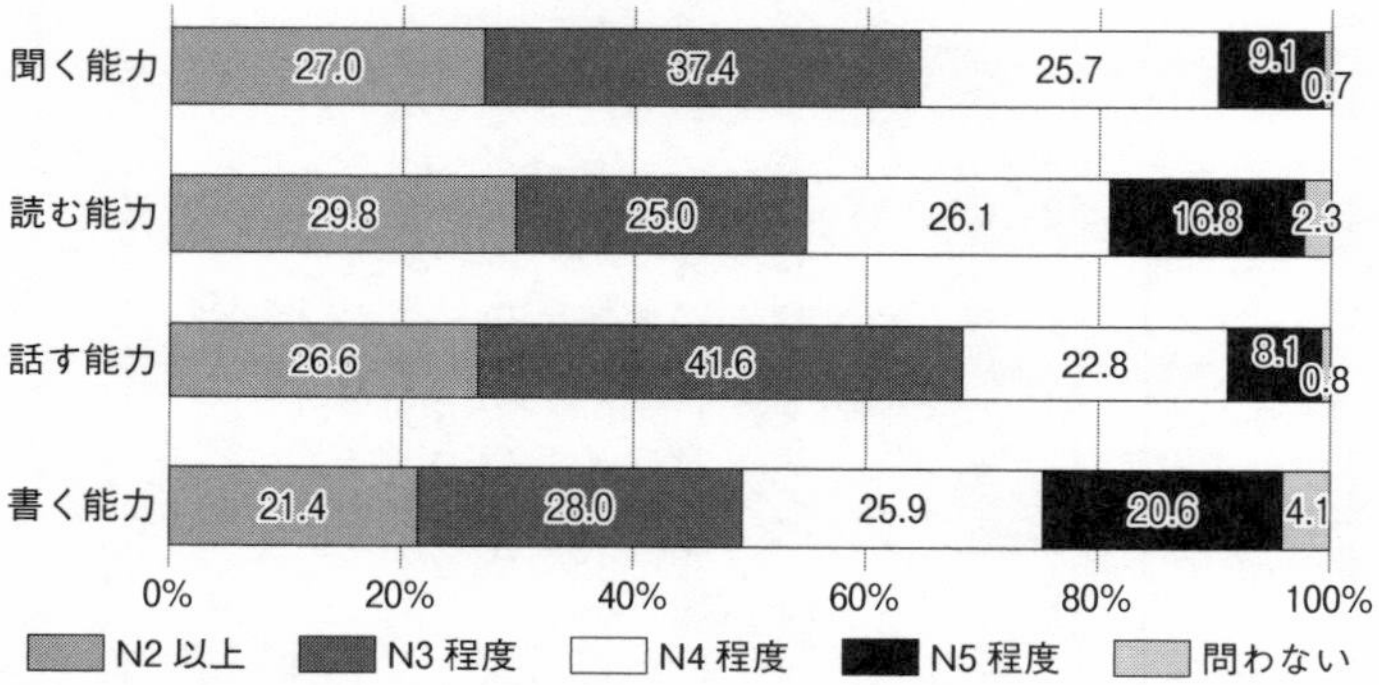

（資料）　静岡県経済産業部就業支援局労働雇用政策課「令和２年度定住外国人の業務に必要な日本語能力実態調査報告書」

図表３－４　日本で就職を希望する留学生の日本語能力試験レベル別取得状況（抜粋）

（%）

	N1	N2	N3	N4	N5	取得していない
４年生 (n=290)	54.1	34.8	3.1	0.0	0.7	4.1
修士２年 (n=247)	59.1	19.8	5.3	1.2	0.8	10.5
(参考) １年生 (n–1,040)	19.5	37.2	23.3	3.8	2.2	10.4
(参考) ２年生 (n–1,488)	23.4	44.5	16.8	3.0	1.8	6.9
(参考) ３年生 (n–514)	39.7	40.1	7.8	0.4	0.2	8.8

（資料）　日本学生支援機構「令和３年度 私費外国人留学生生活実態調査」(2022)
（注）　BJT ビジネス日本語能力テストの取得状況は記載を省略した

留学生の日本語レベルについて、日本学生支援機構「令和3年度 私費外国人留学生生活実態調査」で日本での就職を希望する留学生の日本語レベルを日本語能力試験の取得状況でみると、学部4年次には過半数がN1レベル、9割近くがN2以上となっている。1年次ではN2～N3レベルが中心であるが、在学期間中に日本語能力を伸長させるケースが多い（**図表3－4**）。修士2年も学部4年とほぼ同様の分布である。少なくとも大学の学部卒業以上であれば企業が求める日本語能力を相当程度満たすと考えられる。この調査では専修学校の日本語能力レベルは集計対象でないが、留学生の場合N1、N2の割合は学年に概ね比例する形で増加している。専修学校の修学年数は1年から4年までであり、3～4年間専修学校で学んだ学生も相応の日本語能力を備えていると推測される。

3 専門能力

日本学生支援機構「外国人留学生進路状況調査結果」で2021年の大学院、大学学部、短期大学、高等専門学校、専修学校（専門課程）を卒業・終了し、日本国内で就職した留学生25，000人の専攻区分の内訳をみると、社会科学12，464人（49・9％）、工学が6,215人（24・9%）、人文科学2,500人（10・0%）となっており、この3分野で全体の約85%を占める（**図表3－5**）。技術・人文知識・国際業務の在留資格を得て働く外国人留学生は、文科系は社会科学や人文科学を、理科系は工学を主なバックグラウンドとしているが、人数的には文科系が多く、事務職の割合が高いといえる。卒業・修了者が日本企業で就職する割合が高いのは社会科学と工学で、それぞれ卒業者、修了者の5割近くが日本企業に就職している[1]。

図表3－5　専攻区分別留学生の日本での就職状況

（人、%）

		人文科学	社会科学	理学	工学	農学	保健	家政	教育	芸術	その他	合計
国内就職	人数(a)	2,500	12,464	267	6,215	192	354	609	141	862	1,396	25,000
	構成比	10.0	49.9	1.1	24.9	0.8	1.4	2.4	0.6	3.4	5.6	100.0
	国内就職率(a)÷(b)	22.7	47.6	20.7	47.7	18.9	25.3	29.9	23.9	22.5	30.7	38.5
卒業・終了計	人数(b)	11,024	26,185	1,292	13,040	1,016	1,400	2,040	591	3,824	4,550	64,962

（資料）　日本学生支援機構「2021（令和３）年度外国人留学生進路状況調査結果」
（注１）　大学院、大学学部、短期大学、高等専門学校、専修学校（専門課程）の卒業・終了者
（注２）　卒業・終了計には不明者を含まない

4 コミュニケーション手段と相手

在留外国人の対面での会話以外でのコミュニケーション手段は、日本人と同様スマートフォンが主体である。留学生と技能実習生に限定されたサンプルであるが、広島県の調査によると6～7割の外国人がスマートフォンを所有し、ＰＣやタブレットなどの機器を含めればほとんどがインターネット接続の通信手段を使用可能であることがわかる（**図表3－6**）。こうした手段を用いてＳＮＳを用いたコミュニケーションも盛んで、技能実習生では80・3％、日本語教育機関等在学者で76・2％、大学生等で89・1％が最もよく利用するＳＮＳ手段について毎

図表3－6　在留外国人が所有するインターネット接続機器（抜粋）

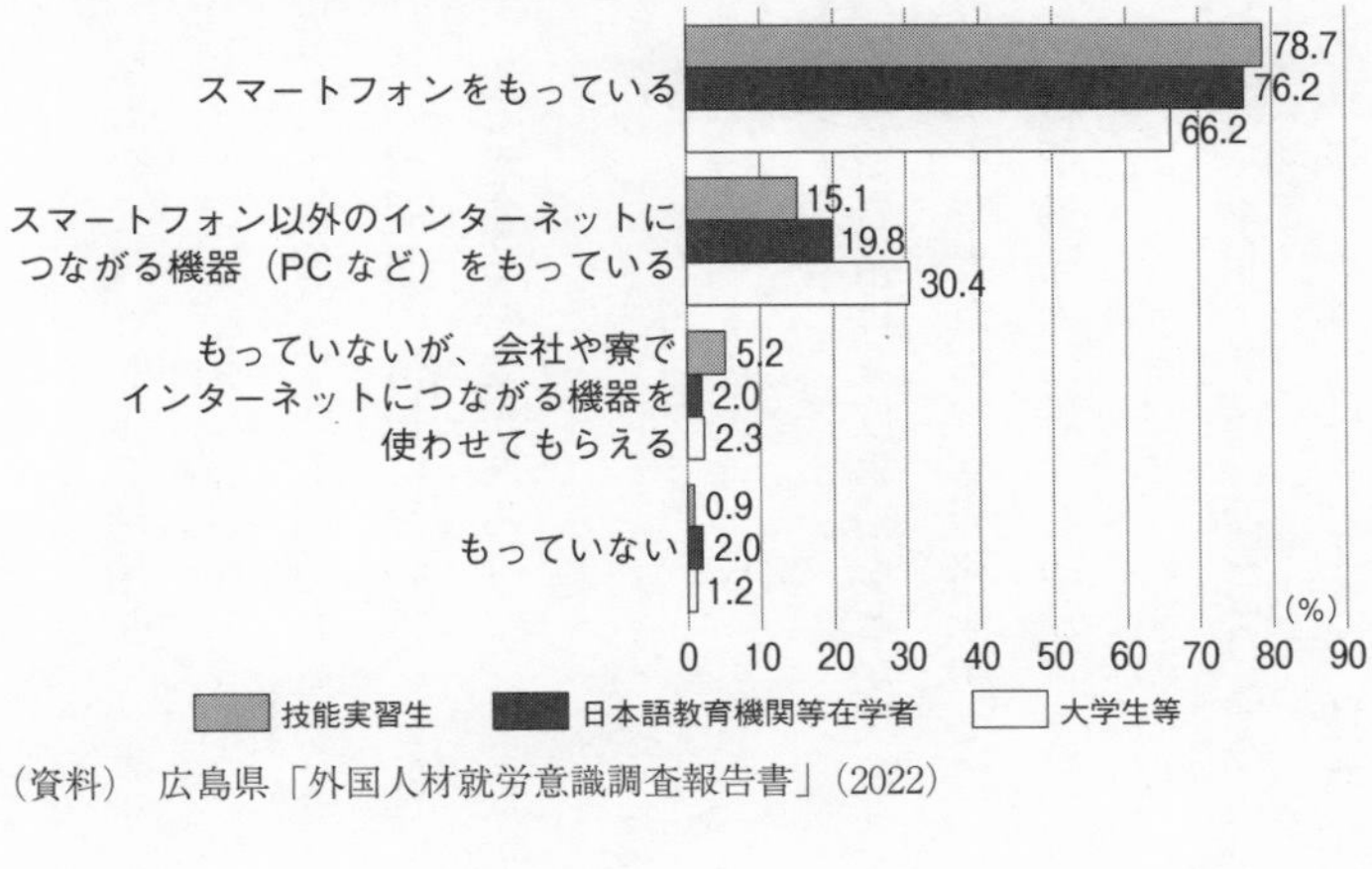

（資料）　広島県「外国人材就労意識調査報告書」(2022)

日SNSを利用している。

通信相手は自国の家族・知人が多いと考えられるが、同調査ではSNSを活用して、必要な情報を同国人のコミュニティの中で得ているというヒアリング結果(2)(留学生)を紹介しており、SNSの同国人ネットワークが情報交換の場として機能している側面も見逃せない。この点で企業は、外国人労働者の雇用市場や入社後の待遇面の情報において、SNSの同国人ネットワークによる「口コミ」効果の影響力を考慮する必要があろう。

5 日本で働く外国人のモチベーション

最初に日本に来た理由について確認する。身分に基づく在留資格は家族事情などが反映されることが多いため、自らの意志で来日する度合いが高いと思われる在留資格を中心にみていく(**図表3―7**)。出入国在留管理庁「令和2年度 在留外国人に対する基礎調査報告書」(2021)によると、技術・人文知識・国際業務では「スキルの獲得・将来のキャリア向上のため」が36・1%と最も多く、「日本が好きだから」が26・7%、「勉強のため」が20・8%と続く。「お金を稼ぐ・仕送り(送金)のため」は7・8%にとどまる。技能実習は「スキルの獲得・将来のキャリア向上のため」46・３％と「お金を稼ぐ・仕送り（送金）のため」45・６％の２項目が大半を占める。なお、身分に基づく在留資格のなかで、定期的な資格更新が必要で、ある程度自分の意志が在留選択に反映されていると考えられる定住者では「お金を稼ぐ・仕送り（送金）のため」が28・０％で最も多い。「日本が好きだから」も24・６％で技術・人文知識・国際業務と並んで多い。

外国人労働者が日本を選択した理由（正社員及びパート・アルバイト、複数回答）をみると、「安全性が高いから」の割合が最も高く、「清潔感があるから」「生活環境が整っているから」など生活環境に関する要素が多い（**図表３－８**）。また「伝統的な文化が魅力的だから」「日本食が魅力的だから」な

図表３－７　在留資格別日本に来た理由（単一回答）

（％）

	勉強のため	スキルの獲得・将来のキャリア向上のため	お金を稼ぐ・仕送り（送金）のため	結婚のため	日本が好きだから	自分又は家族の転勤のため	政治的自由のため	その他
技術・人文知識・国際業務	20.8	36.1	7.8	0.4	26.7	5.1	1.2	2.0
技能実習	2.0	46.3	45.6	0.7	5.4	0.0	0.0	0.0
定住者	8.5	13.6	28.0	5.1	24.6	12.7	0.8	6.8

（資料）　出入国在留管理庁「令和２年度 在留外国人に対する基礎調査報告書」

どの文化的な理由も挙げられており、前段の「日本が好き」の具体的内容はこのような要素に求めることができよう。日本で働きたいと考える外国人を吸引するうえでこのような要素は重要であり、日本を働く場として選択してもらうためのアピールポイントとなる。

前述の通り、外国人労働者の1企業での在社年数は日本人に比べ長くないが、日本国内で転職するか、日本での就労に見切りをつけて母国に帰国するかという定着の問題がある。出入国在留管理庁「令和2年度 在留外国人に対する基礎調査報

図表3－8　外国人労働者が日本を選択した理由（正社員及びパート・アルバイト、複数回答）

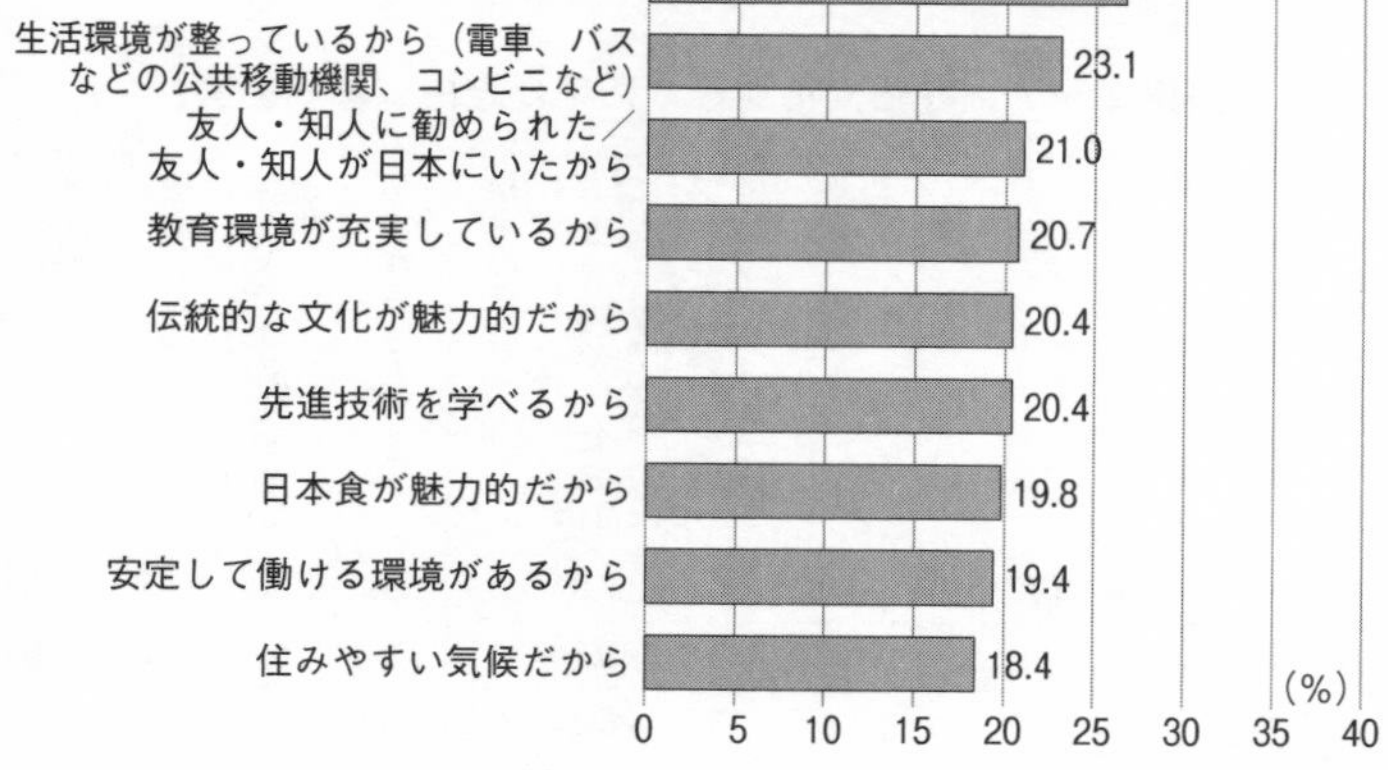

（資料）　パーソル総合研究所「日本で働く外国人材の就業実態・意識調査」（2020）

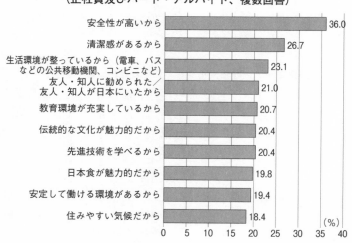

告書」によると、技術・人文知識・国際業務では「日本に永住したい」が52・1%、「10年程度は日本に滞在したい」が13・5%、「5年程度は日本に滞在したい」が12・7%、「1年程度で母国に帰る又は日本以外の国に行きたい」が6・6%で、長期の日本滞在を意識する外国人が多い（**図表3－9**）。ただ、後述の通り、技術・人文知識・国際業務では20～30代の若年層が多く、単身者が過半を占めることから、家族の問題をそれほど意識しないで済むなかでの判断である点には留意が必要である。在留期間に上限のある技能実習でも「日本に永住したい」が29・5%、「10年程度は日本に滞在したい」が19・1%、「5年程度は日本に滞在したい」が28・3%あり、技能実習の在留期間上限もしくは特定技能への移行を意識した在留を希望している割合が少なくない。

図表3－9　在留資格別日本での滞在期間の希望（単一回答）

（%）

	日本に永住したい	10年程度は日本に滞在したい	5年程度は日本に滞在したい	1年程度で母国に帰る又は日本以外の国に行きたい	分からない
技術・人文知識・国際業務	52.1	13.5	12.7	6.6	15.1
技能実習	29.5	19.1	28.3	6.4	16.8
定住者	69.3	10.2	7.1	3.9	9.4

（資料）　出入国在留管理庁「令和２年度 在留外国人に対する基礎調査報告書」

同調査では有業者の今後の仕事の希望や家族との関係についても尋ねているので、技術・人文知識・国際業務についてみてみよう。今後の仕事の希望では「現在の職場で働き続けたい」の割合34・0％に対し、「日本国内で転職先を見つけたい」が26・4％である。永住者ではそれぞれの割合が49・5％、11・1％である。前述の通り、技術・人文知識・国際業務の外国人労働者は日本に長期に在住したいとする意欲は高いものの、同一企業での勤務継続志向はそれほど強くない。(3)

母国の家族などへの仕送り（送金）の有無については、技術・人文知識・国際業務で50・6％、技能実習では93・9％にのぼり、自国の家族扶養が収入面から就労のモチベーションになっている様子が窺われる。家族が同居しているケースも多いと考えられる身分に基づく在留資格でも定住者は58・5％が仕送りをしている。

同居家族の有無については、技術・人文知識・国際業務では配偶者・パートナーが38・6％、子どもが16・6％で、家族の扶養が就労のインセンティブとなる割合は半分に満たない。一方、「同居している人はいない」は45・9％にのぼり「友人・知人」も12・7％いる。(4) 年齢が20代、30代に集中していることもあって単身者の割合が高いものと考えられる。現時点では、身の振り方に関し比較的自由度の高い単身者が多いため、前述の「日本に永住したい」の割合52・1％のなかには現時点での直感的なイメージによる回答も含まれている可能性がある。しかし、今後は在留期間の経過とともに40代以上の技術・人文知識・国際業務の在留資格者の割合が高まることが予想される。この場合、当人の長期的な人生設計や家族との関係を考慮したうえで、具体的な目的意識から日本への永住を希望するケースも増えてくる可能性がある。

6 外国人労働者の賃金待遇

外国人労働者の待遇については、主に賃金面を厚生労働省「賃金構造基本統計調査」の2022年データを基にみていく（一部を**図表3-10**に掲載）。一般労働者は正社員かそれ以外かに分けたものも含め在留資格別の違いをみていく。一般労働者全体について在留資格「専門的・技術的分野」の1ヵ月当り所定内給与額は30・0万円で、時給換算では1772・8円で最も高い。「身分に基づく在留資格」は所定内給与額が28・1万円、時給が1701・2円で「専門的・技術的分野」よりやや低い。このことは正社員・正職員の構成比が前者で86・3％、後者で50・2％と大きな開きがあることが原因である。正社員・

正職員に限れば所定内給与額は「専門的・技術的分野」が30・7万円（時給換算1805・3円）、「身分に基づく在留資格」が34・0万円（同2045・8円）と後者の方が多いが年齢や勤続年数は後者の方が多く、そのことが差に反映されていると考えられる。このことから後者の給与水準が高いことを意味するものではないことに注意する必要がある。[5] 特定技能の所定内給与額は正社員・正職員で20・6万円、時給換算で1，271・0円と、このあとで触れる正社

図表３－10　外国人労働者の時給額（所定内給与）

一般労働者　（円）

	在留資格	時給額
外国人	正社員・正職員	
	うち専門的・技術的分野（特定技能を除く）	1,805.3
	うち特定技能	1,271.0
	うち身分に基づくもの	2,045.8
	正社員・正職員以外	
	うち専門的・技術的分野（特定技能を除く）	1,518.0
	うち特定技能	1,130.6
	うち身分に基づくもの	1,349.4
	技能実習	1,033.7
	その他（特定活動及び留学以外の資格外活動）	1,307.1

短時間労働者　（円）

	在留資格	時給額
外国人	身分に基づくもの	1,494.0
	留学（資格外活動）	1,164.0
参考　短時間労働者全体		1,367.0

（資料）　厚生労働省「令和４年賃金構造基本統計調査」

員・正職員以外の「身分に基づく在留資格」よりやや低い。

正社員・正職員以外では、「専門的・技術的分野」が25・3万円（時給換算1，518・0円）、「身分に基づく在留資格」22・1万円（同1，349・4円）で前者の方が多い。「身分に基づく在留資格」は高度人材から単純労働従事者までを幅広く網羅している。技能実習の所定内給与額は17・8万円、時給が1，033・7円と更に少ない。

統計サンプルで日本人がそのほとんどを占め（98・5％）、事実上日本人労働者の指標と見做しうる一般労働者全体（全国籍）ベースの1ヵ月当り所定内給与額は正社員・正職員35・9万円、正社員・正職員以外23・7万円、時給換算では正社員・正職員1，975・9円、正社員・正職員以外1，374・5円であることから、専門的・技術的分野や身分に基づく在留資格の一般労働者は日本人の同待遇と概ね同等水準の賃金を得ていることがわかる。一方、特定技能と技能実習の賃金水準は日本人の正社員・正職員以外の賃金水準よりも低くなっている。

パート、アルバイトなど短時間労働者については、外国人の場合「身分に基づく在留資格」は時給が1，494・0円、「留学」の資格外活動が1・164・0円である。[6]短時間労働者全体（全国籍）の時給は1，367円であり、外国人の場合「身分に基づく在留資格」

が日本人一般の水準よりやや高い一方、留学生のアルバイトはやや低い。

以上から、外国人労働者の在留資格別の給与水準を高い順にみると、身分系或いは就労系の正社員、同非正社員、特定技能、留学生アルバイト、技能実習生の順となる。身分系或いは就労系の正社員は同じ待遇の日本人と大きな違いはないが、非正社員では日本人の平均水準より低い。また、特定技能は日本人の非正規よりやや水準が低い。

なお、技能実習については業種による賃金水準の差は比較的小さいが、特定技能では差が大きい。出入国在留管理庁によると、特定技能外国人に対する2021年の賃金の支払額は全分野平均で月額23・2万円である[7]。建設が28・5万円であるのに対し、宿泊が19・4万円、農業20・6万円、ビルクリーニング20・7万円など賃金水準が低い分野もある。技能実習生について外国人技能実習機構「令和3年度における技能実習の状況」(2023)をみると、技能実習1号の給与支給額は17・5万円、同2号は19・3万円、同3号は21・4万円である。特定技能との接続が多い同2号で業種別にみると、特定技能で給与水準が高い建設業は19・7万円、低い漁業が18・2万円、農業・林業18・4万円で特定技能に比べ差は小さい。

最後に外国人労働者の従業員規模別の給与水準をみておく。一般労働者の所定内給与は従業員1，000人以上の企業で29・7万円（時給換算1，776・0円）、100～999人で25・0万円（1，498・3円）、10～99人で23・2万円（1，353・8円）で、日本人労働者と同様、従業員規模が小さいほど支給額が少ない。

注

（1）この他に日本国内の大学院等に進学する場合が社会科学で10・9％、工学で25・0％あり、進学過程終了後に日本企業に就職する場合もあることから、日本企業への就職割合は数字より大きいとみられる。

（2）国内在留者数の多い国ではSNSによるコミュニティが独自に成立していると考えられるが、国により程度に差はある。

（3）それ以外では「日本国内で起業したい」13・6％、「現在の職場に加えて、いくつか掛け持ちしたい」10・0％、「母国で転職先を見つけたい」6・4％など。

（4）20～29歳の割合が40・9％、30～39歳の割合が47・5％。

（5）平均年齢と勤続年数は、専門的・技術的分野がそれぞれ32・0歳、3・4年で、身分に基づく在留資格が42・9歳、6・2年である。

（6）身分に基づく在留資格と留学の時給の差は年齢や勤続年数の差が反映されていよう。

（7）技能実習制度及び特定技能制度の在り方に関する有識者会議（第1回）資料。

第4章 中小企業の外国人労働者の採用・育成・定着

企業にとって外国人労働者をどのように採用するか、どのように育成し戦力化するかは、外国人雇用の入り口の問題として重要である。経営資源の乏しい中小企業では採用・育成に大企業ほどの十分な予算と人手をかけることは難しく、採用手段の簡素化、外部資源の活用などを通じた工夫が求められる。

第4章では外国人採用と育成・定着が実際にどのようになされているかついてみていく。正社員・高度人材、アルバイトなど非正規雇用、及び技能実習の3区分別とする。

1 外国人労働者の採用

(1) 正社員・高度人材

① 採用枠と募集・情報提供

ディスコ「外国人留学生/高度外国人材の採用に関する調査」(2022年12月調査)によると、採用枠については、「国内の日本人学生と同じ枠で募集・採用」する企業が80・5%を占める。[1] 入社後の配属先については「限定せず募集」が57・5%と多く、「一部配属先を限定して募集」が9・7%、「配属先(職種や部門、地域など)を限定して募集」が32・7%となっており、留学生の採用は日本人と同条件・同待遇を前提とする場合が過半数を占めるが、外国人に固有の仕事を課すことを前提とする場合もみられる。

同調査で2022年度の1社当り外国人留学生の新卒採用人数の構成比をみると、1名が51・4%、2~3名が31・9%、4~5名が8・3%、6~10名が5・6%、11名以上が2・8%で、1名の企業が過半を占める。この調査では、外国人を採用した企業の割合は30・8%で、その大半を占める1名もしくは2~3名採用の企業が外国人を毎年採用しているとは考えにくく、外国人の採用ノウハウを蓄積している企業は極めて限られよう。

外国人材の募集方法についてパーソル総合研究所「外国人雇用に関する企業の意識・実態調査」（２０１９）をみると（複数回答）、多い順に「既存従業員からの紹介」「自社ウェブサイト」「教育機関（大学、専門学校、日本語学校等）」「人材紹介・職業紹介会社」「インターンシップからの採用」「外部の人材サービス企業の活用」「公的機関（ハローワーク、外国人雇用サービスセンター）」「民間求人情報サイト」「外部のコンサルティング会社の活用」「アルバイトからの採用」となっている。上位10項目は概ね20～15％の範囲であり突出して高いものはない[2]。このことから、正社員・高度人材は各企業が共通して採用する決定打となる募集方法が存在せず、企業が複数の方法を併用していることがわかる。また、「既存従業員からの紹介」は外国人従業員に限定した回答選択肢ではないが、情報収集面から外国人現役社員の貢献が大きいことから、外国人従業員の寄与が大きいと考えられる[3]。このことは後述するパート・アルバイトでもあてはまり、外国人採用の一つの特徴である。

直接的な募集手段が限られる海外大学卒の外国人材採用のために講じた施策について前掲ディスコ調査をみると（複数回答）、多い順に「自社ホームページでの告知」（46・２％）、「大学以外で開催する合同企業説明会（会場型）」（30・８％）、「大学以外で開催する合同企業説明会（オンライン形式）」（25・0％）、「インターンシップからの採用」「人材紹介サービス（エージェント）・アウトソーシングの活用」（各23・1％）、「海外就職情報サイトからの告知」（19・2％）、「社内人脈の活用（外国人社員の活用、社員からの紹介など）」17・3％、「外国人雇用サービスセンターの活用」（15・4％）となっている。インターネットや説明会（対面・オンライン）での情報発信が中心となるが、現役の外国人社員の活用やその情報提供も重要な役割を果たしていることは注目される。前記パーソル総研調査で正社員の選考方法をみると（複数回答）、「面接」89・2％、「適性検査」49・3％、「独自の筆記試験（作文など）」31・3％、「日本語能力試験の参照」27・7％などとなっている。

外国人留学生側から活用している就職活動の情報源についてディスコ「2024年卒外国人留学生の就職活動状況に関する調査」（2023）をみると（複数回答）、「国内学生向け就職サイト」が66・0％で最も多く、以下「留学生向け就職サイト」60・5％、「企業ホームページ」45・6％、「留学生向け就職イベント」39・2％、「日本国内学生向け就職イベント」31・5％、「企業セミナー・会社説明会」27・1％、「留学生・外国人コミュニティ」23・8％、「学内開催の企業セミナー」22・4％、「大学のキャリアセンターの情報」17・1％、「インターンシップ」16・6％となっている。留学生には外国人向け媒体に拘らず日本人向け情報提供手段も含め幅広く情報を収集する姿勢がみられるが、留学生向け情報を重視する度合いも高く、募集企業にとっては留学生を意識した情報提供が効果的であることを示唆している。(4)

なお、同調査によると、「企業研究で把握しやすかった情報」と「企業にもっと発信してほしい情報」の内容には差があり、後者では「外国人留学生の採用実績」が最も多くなっている（**図表4-1**）。また、「同じ出身国の社員の採用実績」「同じ出身国の社員の在籍者数」は「もっと発信してほしい」割合が相対的に高く、同じ出身国の社員の存在が応募の動機になっている可能性を示唆する。

②　求める資質と日本語能力

外国人留学生に求める資質をディスコ調査で割合の高い順にみると（複数回答、抜粋）、文系は「コミュニケーション能力」「日本語力」の2項目が際立って高く、以下「協調性」、「基礎学力」、「バイタリティー」、「異文化対応力」、「社交性」、「英語力」と続く（**図表4-2**）。入社後に即戦力として機能することよりも、企業の一員として周囲と円滑な関係性を構築しつつ自己の能力を高めていくことができるかどうかに着目している様子が窺われる。理系も文系同様、「コミュニケーション能力」、「日本語力」の2項目の割合が高い。

図表4－1　企業研究での情報

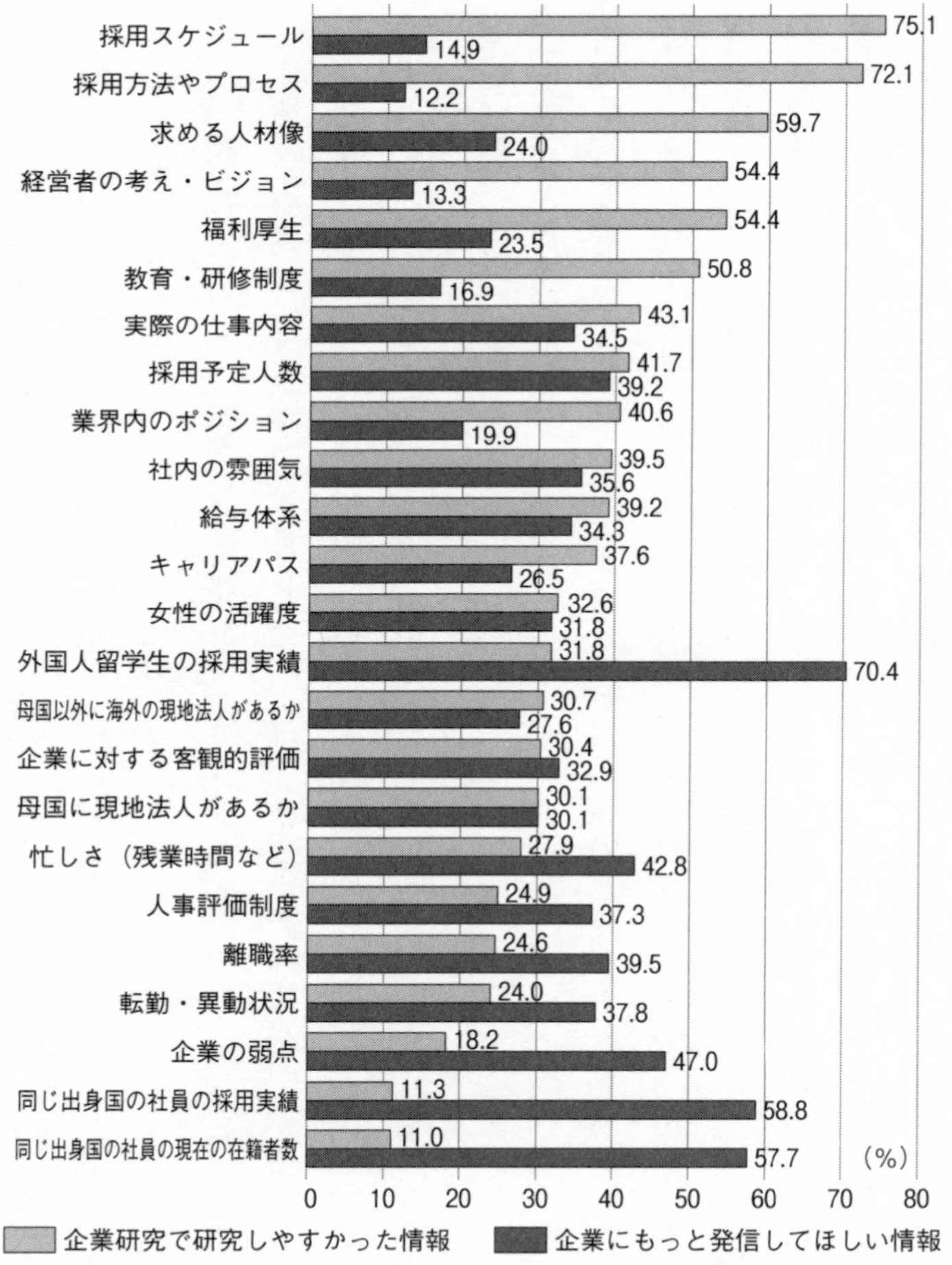

（資料）　ディスコ「2024年卒外国人留学生の就職活動状況に関する調査」
（注）　その他は記載を省略

「基礎学力」が25・2％で続き文系に比べ重視度合いがやや高いが一定の日本語能力とコミュニケーション能力が前提となると考える企業が多い。以下は「協調性」、「バイタリティー」、「英語力」となっている。

外国人留学生に求める日本語コミュニケーションレベルは**図表4－3**に示す通り、内定（選考）時に文系・理系ともネイティブ相当を求める割合は1割程度で、ビジネス上級レベル、ビジネス中級レベルがそれぞれ3割程度である。入社後ではネイティブ相当、ビジネス上級レベルの割合が上昇し、文系・理系ともこの2つの合計で7割前後を占める。このことは、既にかなり高度な日本語能力を備えていると考えられる留学生においても入社後に職場内外で

図表4－2　外国人留学生に求める資質

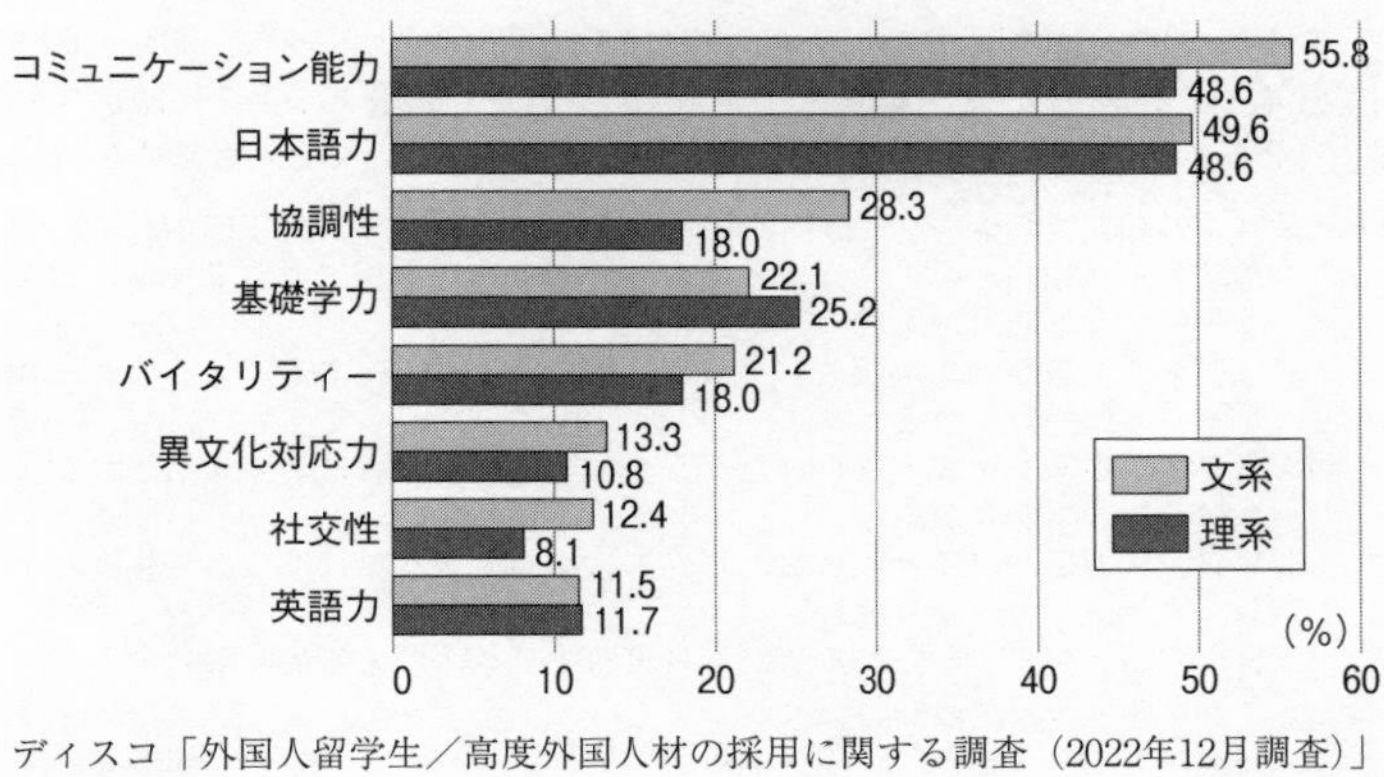

ディスコ「外国人留学生／高度外国人材の採用に関する調査（2022年12月調査）」より抜粋

日本語能力を伸長させる必要性があると企業が認識していることを示す。従って、入社後の日本語教育もしくは日本語能力向上のための機会提供は重要である。

③ 留学生の就職活動への意識

留学生の就職活動への意識をパーソル総合研究所「留学生の就職活動と入社後の実態に関する定量調査」でみると（複数回答）、多い順に「仕事

図表４－３　外国人留学生の内定（選考）時・入社後に求める日本語コミュニケーションレベル

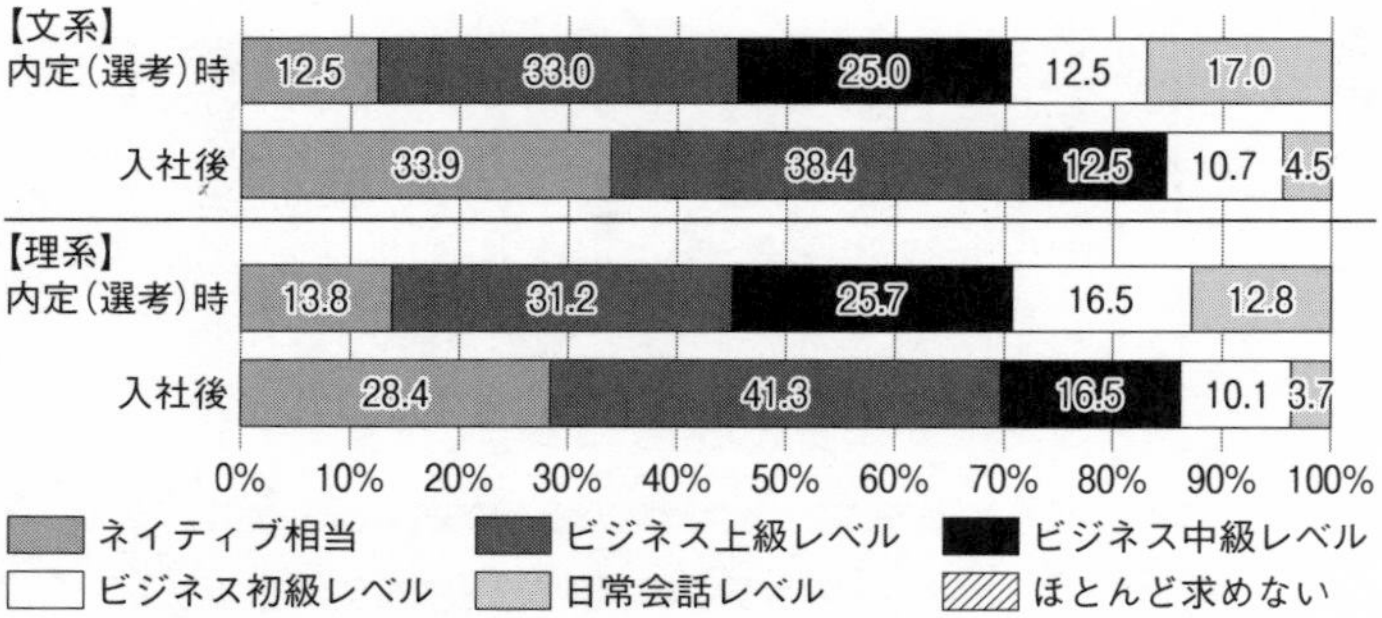

ディスコ「外国人留学生／高度外国人材の採用に関する調査（2022年12月調査）」
（注）　ネイティブ相当＝どのようなビジネス場面でも日本語による十分なコミュニケーション能力がある
ビジネス上級レベル＝幅広いビジネス場面で日本語による適切なコミュニケーション能力がある
ビジネス中級レベル＝限られたビジネス場面で日本語による適切なコミュニケーション能力がある
ビジネス初級レベル＝限られたビジネス場面で日本語によるある程度のコミュニケーション能力がある
日常会話レベル＝限られたビジネス場面で日本語による最低限のコミュニケーション能力がある
ほとんど求めない＝日本語によるビジネスコミュニケーション能力はほとんどない

を通じて具体的にやりたいことがある」(75・1%)、「就活において、自己分析はとても重要だ」(74・9%)、「就活では、他の学生との違いを積極的にアピールしたい」(73・7%)、「友達が知っているような有名な企業に就職したい」(72・7%)、「就活中でも、授業や学業を疎かにするべきではない」(71・3%)となっている。日本人学生の回答割合より10%ポイント以上高い項目は「友達が知っているような有名な企業に就職したい」「仕事を通じて具体的にやりたいことがある」「就活マニュアルをよく読むほうだ」「入社後も、起業や副業など、積極的に組織の外で働きたい」の4項目で、目的志向が強く、社外を含めた活動機会を求める一方で、有名企業志向が強いという特徴がある。

④ 実際に就いた職種

外国人留学生が就いた主な職種について製造業、非製造業別にみると(前掲ディスコ調査、複数回答)、製造業では研究・開発・設計関連44・7%が最も多く、事務・管理関連、生産・製造・品質管理関連、IT・ソフトウエア関連が2割を超える(**図表4－4**)。以下、建築・土木設計関連、海外営業関連、国内営業関連と続く。非製造業ではIT・ソフトウエア関連が50・0%と最も多く、事務・管理関連が26・5%である。以下国内営業関連、流通サービス・販売関連、企画・マーケティング関連、専門・スペシャリスト関連、海外営業関連となっている。専門性の高い職種が多い一方で、日本語以外の外国語の習熟を要する職種はそれほど多くない。

⑤ インターンシップの実施状況

インターンシップは、学生が社会に出る前に企業で仕事の場を実体験し、現場で直接社員の話を聞き、仕事を体験することで、業種や職種の特性、企業の実際の仕事の内容、企業文化を知る機会となる。ディスコ「インターンシップ等に関する特別調査」（２０２３）によると、２０２４年卒の就職活動を行った学生（主に日本人）の

図表４－４　外国人留学生が就いた職種（複数回答）

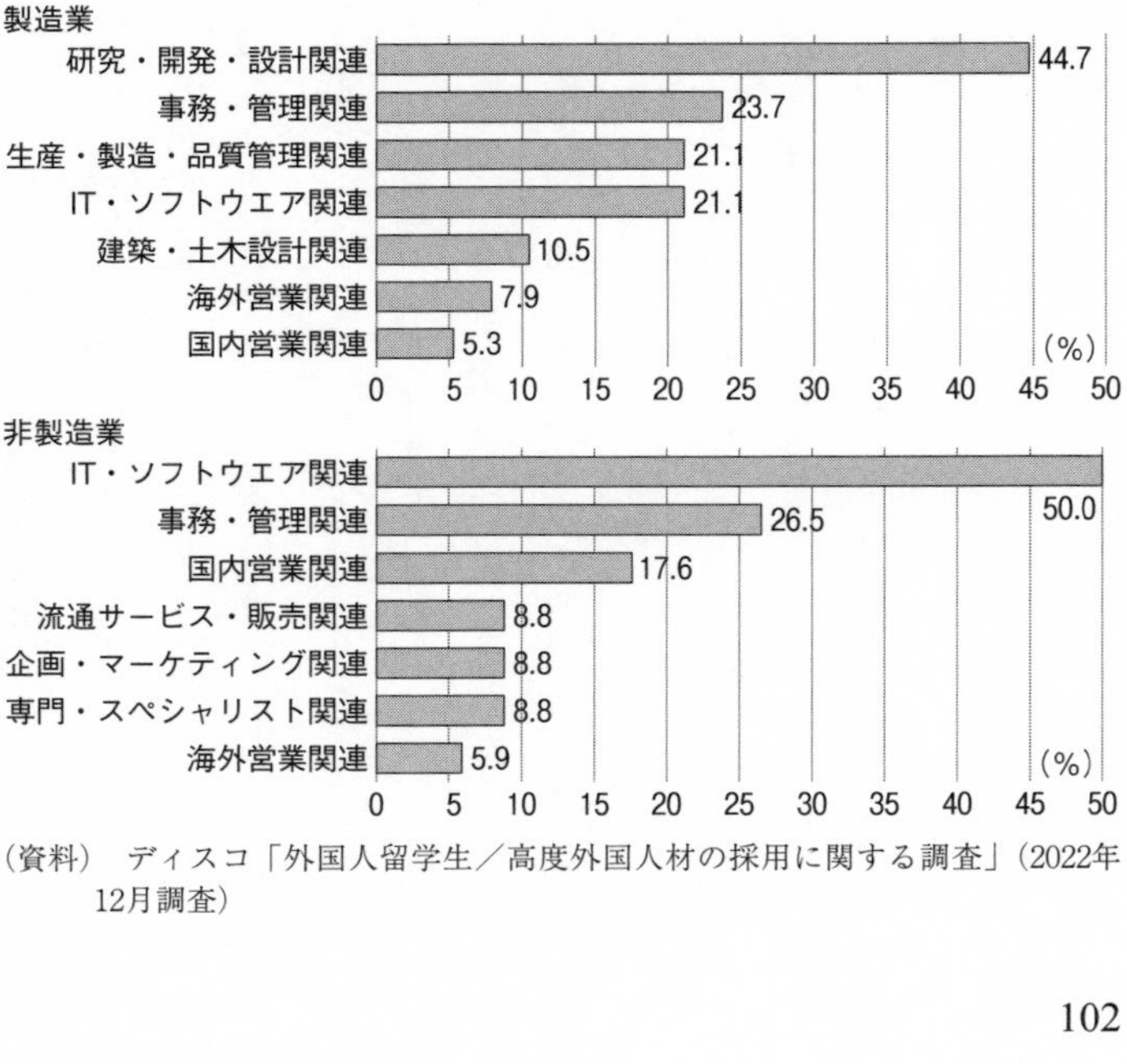

（資料）　ディスコ「外国人留学生／高度外国人材の採用に関する調査」（2022年12月調査）

91・4％がインターンシップに参加している。ただし、参加したインターンシップの59・9％は1日もしくは半日のプログラムである。個人が複数のインターンシップに参加するケースは多いと考えられるが、プログラムの質を考えると90％という参加率は割り引いて考える必要があろう。日本商工会議所・東京商工会議所「人手不足の状況および新卒採用・インターンシップの実施状況に関する調査」（２０２２）によると、２０２１年度に新卒採用の募集を行った中小企業のうち、学生を対象としたインターンシップを実施した企業は48・4％にのぼる。インターンシップ実施企業の実施期間をみると、1日が27・1％、2～4日が44・1％、5日以上が28・7％となっている。

日本での在住期間が日本人学生に比べ短い留学生にとっても、留学生からの業務内容の認知が十分でない企業にとっても、インターンシップを実施する意義は大きい。ただし、ディスコ「２０２４年卒外国人留学生の就職活動状況に関する調査」によると、インターンシップ等参加経験は、51・9％と現状では留学生のインターンシップ等参加経験は日本人学生に比べると少ないのが現状である。

このように中小企業で幅広く外国人留学生が企業の内容や業務を理解するのに十分なインターンシップを設けているとは考えにくい。ただ、２０２２年6月に文部科学省・厚生労働省・経済産業省の合意による「インターンシップの推進に当たっての基本的考え方」（3省合意）が改正され、汎用能力活用型のインターンシップは5日間以上の実施期間を設けることにより、学生情報を採用選考活動に使用可能（採用選考プロセスの一部免除等が可能となる）となったため、今後は5日以上のインターンシップが増えることが期待できる。

⑥ 在留資格の更新に対する企業のサポート

第2章で述べた通り、外国人留学生が日本企業に就職するにあたっては、在留資格を留学から技術・人文知識・国際業務をはじめとする就労系の在留資格に変更する必要があり、留学生本人、企業、もしくは行政書士の代行で手続きを行うことになる。この点に関しマイナビ「2021年卒マイナビ企業外国人留学生採用状況調査」（2021）で在留資格取得のサポート状況についてみると、「自社で行っている」が39・9%、「行政書士などに委託している」13・3%に対し、「外国人留学生自身に申請を任せている」が46・2%であった。資格更新をサポートする企業の割合が5割を超える結果となっているものの、サポートしない企業の割合も半数近くあり、対応が2極化している様子が窺われる。サポートの有無は留学生ネットワーク等を通じた「評判」により応募の多寡に影響を与える可能性があり、サポート面における企業のより積極的な関与が望まれる。

(2) パート・アルバイト

募集方法について前掲パーソル総合研究所「外国人雇用に関する企業の意識・実態調査」をみると（複数回答）、多い順に「既存従業員からの紹介」「民間求人情報サイト」「自社ウェブサイト」「公的機関（ハローワーク、外国人雇用サービスセンター）」「人材紹介・職業紹介会社」「日本語の新聞・雑誌・フリーペーパー」の順となっている。求人媒体の活用やオンラインサイトの活用が中心であるが、正社員同様に既存従業員からの紹介も多い。

選考方法をみると（複数回答）、面接が85・7％で適性検査は25・7％、日本語能力試験の参照16・6％、独自の筆記試験12・6％となっており、多角度から能力・適性を判断する正社員と比較して、主に面接で採否を決定する傾向が強い。

(3) 技能実習

前述の通り技能実習を利用する企業は「団体監理型」がほとんどで、この場合現地の送出機関が求職申込を取りまとめ監理団体に取り次ぐことになるが、人材の選考には受入企業も関与している。前掲パーソル総合研究所の調査によると、75・4％の企業が面接試験を実施している。出入国在留管理庁「特定技能制度及び技能実習制度に関する意識調査について」（2022）によると、受入企業の採用面接（複数回答）は「現地又はオンラインで直接面接を実施」が79・3％と約8割を占め、「監理団体や送出機関に依頼」（64・4％）も併用している。面接の実施方法（監理団体への調査、択一回答）は「現地で直接対面して面接を実施（受入企業同行）」が47・5％、「オンラインによる面接を実施（受入企業同席）」が46・6％で、9割以上のケースで監理団体と受入企業が共同で面接を行っていることからも明らかなように、人材選抜にあたっては受入企業と監理団体が協力する体制が確立されている[5]。一方、採用時の労働条件の明示の方法（複数回答）は、「監理団体や送出機関に依頼」が86・1％と最も多く、「現地又はオンラインで直接説明」は43・6％にとどまるなど、外部への依存度合いが強い。

面接以外では適性検査43・7％、日本語能力試験の参照が38・3％、独自の筆記試験が27・5％となっている。実技試験も21・6％の企業で実施しており、正社員やパート・アルバイトより実技重視の度合いが高い。

技能実習生に関しては来日前に母国の送出機関や仲介者（送出機関以外）への手数料等

費用を支払い、それに伴って負債を持った状態で日本に入国する場合が少なくない。出入国在留管理庁「技能実習生の支払い費用に関する実態調査」（2022）によると、技能実習生が支払った費用の平均額は全体で54・2万円、技能実習生数が最も多いベトナムは68・8万円である。費用の支払のために借入金を持つ技能実習生の割合は全体で54・7％、うちベトナムは80・0％にのぼる。借入がある場合の借入金の平均は54・8万円（うちベトナム67・4万円）で支払費用をほぼ借入でまかなっている。負債の返済期間は1年以内が58・2％を占めるが、2年以内も35・5％、2年超が6・3％あるなど、技能実習生にかかる負担は必ずしも軽くないのが実状である。(6)

(4) 特定技能

出入国在留管理庁「特定技能制度及び技能実習制度に関する意識調査」（2022）によると、特定技能外国人が資格変更前に保有していた在留資格（最も滞在期間が長いもの）として84・6％が技能実習を挙げており、技能実習からの移行が大半であることが確認できる。特定技能の仕事を見つけるために利用した人・組織として（複数回答）「技能実習で支援を受けていた監理団体」が38・9％と最も多い。技能実習受入企業に引き続き特定技能として在籍するケースが比較的多いもののその割合は4割に満たず、技能実習と特定技能とで勤務先が異なるケースの方が多いと考えられる。なお、これ以外では海外の送出機関18・0％、日本にある民間職業紹介事業者17・5％、知り合いの紹介14・2％、支援を受けている登録支援機関13・2％などとなっており、技能実習を終了し母国に帰国後に特定技能で再来日するケースも一定割合で存在する。

日本・東京商工会議所「多様な人材の活躍に関する調査」（2021）によると、特定技能外国人を雇用している、もしくは受入れが決まっている中小企業において特定技能外国人の属性（複数回答）は、「日本国内に滞在している技能実習2号修了者」が52・6％、「日本国内に滞在している特定技能評価試験合格者」が24・1％、「技能実習修了後、帰国していた技能実習」2号修了者14・4％、「海外に滞在している特定技能評価試験合格者」が11・2％で、技能実習2号修了者を中心とする国内在留の資格候補者を主に採用している。特定技能外国人の採用経路については（複数回答）、「登録支援機関の紹介」（27・6％）、「自社で実習している技能実習生の資格変更」（27・0％）、「監理団体の紹介」（26・4％）の3つが多い。

このことから特定技能で外国人を雇用する企業には、自社で育成し自社特有の業務内容を理解している実習生を引き続き戦力化する場合と、自社でなくても日本企業で経験を積み、ある程度業務理解の素地のある人材を特定技能として雇用する場合の2通りがあるといえる。

前者は、企業にとって技能実習生修了者を特定技能として雇用する制度的な義務はないため、企業の「職場に残って欲しい」という希望と技能実習生の「引き続きこの職場で働きたい」という希望が一致する場合に実現するものであるため、労使双方にメリットが生じる。

一方後者の場合、もともと技能実習の受入れは行わない、もしくは小規模にとどめる、すなわち技能実習を通じた育成に関与しない企業が特定技能を採用する場合ととることができる。(7) 技能実習と異なり特定技能は原則として受け入れ人数の上限がない（介護と建設を除く）ことも影響する。特定技能資格者の数は技能実習生（および修了者）の数より少なく人材市場は大きくないが、特定技能に的を絞って外国人採用を検討する企業が存在する。このことは技能実習生にとっては実習過程を終了し特定技能に移行を希望する際、技能実習受け入れ先以外への就職が選択肢が広がることを意味する。

２ 外国人労働者の育成

（1） 正社員・高度人材

前掲パーソル総合研究所調査によると、外国人正社員に対する研修・フォロー体制として用意されているものとして（複数回答）、「ビジネスマナー研修」（35・7％）、「入社後の定期的な面談」（33・2％）、「ミーティングや社内行事などの社内コミュニケーション機会の創設」（31・0％）の3項目が3割を上回った（**図表4－5**）。「日本

図表４－５　外国人材への研修・フォロー（複数回答）

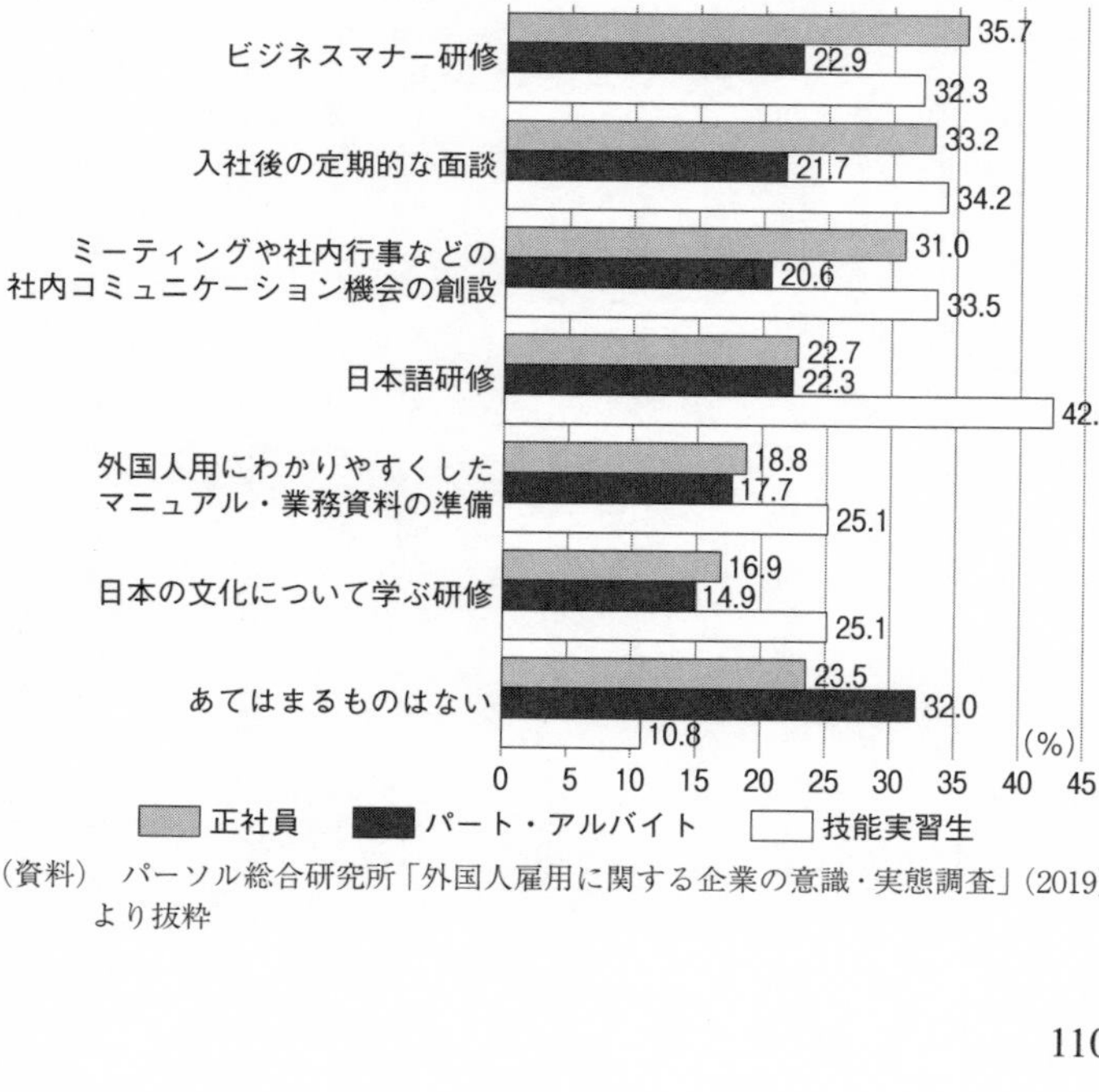

（資料）　パーソル総合研究所「外国人雇用に関する企業の意識・実態調査」（2019）より抜粋

語研修」は22・7%、「外国人用にわかりやすくしたマニュアル・業務資料の準備」は18・8%で、一定の日本語能力があることを前提にビジネスマナーなど現場で必要なスキルを強化する姿勢がみえる。また、面談や社内コミュニケーションを増やすことで、企業文化の理解やコミュニケーションスキル向上への機会を設けている。

(2) パート・アルバイト

研修やフォローとして「あてはまるものはない」の割合が32・0%と最も高い。「ビジネスマナー研修」(22・9%)、「入社後の定期的な面談」(21・7%)、「ミーティングや社内行事などの社内コミュニケーション機会の創設」(20・6%)、日本語研修(22・3%)の4項目が2割を超えるが、正社員や以下で触れる技能実習生に比べフォロー体制はやや手薄である。

(3) 技能実習

「日本語研修」が42・5%と最も高い。「入社後の定期的な面談」(34・2%)、「ミーティングや社内行事などの社内コミュニケーション機会の創設」(33・5%)、「ビジネスマナー研修」(32・3%)が3割を超え、「外国人用にわかりやすくしたマニュアル・業務資料の準備」「日本の文化について学ぶ研修」が各25・1%となっている。「あてはまるものはない」は10・8%と正社員やパート・アルバイトに比べ低く、日本語能力及び仕事のスキル向上に手厚い研修体制を用意していることが窺われる。

出入国在留管理庁「特定技能制度及び技能実習制度に関する意識調査について」(2022)によると、受け入れている技能実習生の満足度について「技能実習意欲」(75・7%)、「仕事内容に対する理解」(73・7%)、「技能習得の度合い」(78・0%)、「生活環境への適応力」(75・7%)で満足度が高いものの、来日時の日本語能力レベルと日本語でのコミュニケーション能力は「満足」とする割合がそれぞれ21・4%、26・7%で「不満」の割合が46・5%、36・4%であることから、実習期間を通じ日本語でのコミュニケーションが必ずしも円滑でない様子が窺われる。このように技能実習の場合、研修は仕事のスキルの習得面では一定の成果が挙がっているものの、日本語コミュニケーション推進には課題を残す。今後技能実習修了者の特定技能への移行の増加が見込まれるなか、技能実習生の日本語能力底上げ(8)へのフォローが望まれる。

3 外国人労働者の定着への取組み

(1) 正社員・高度人材

外国人材への制度整備・サポート状況を前掲パーソル総合研究所調査でみると（複数回答）、正社員では「社宅提供・家賃補助」（33・2％）、「一時帰国のための長期休暇の取得制度」（32・4％）、「評価制度の整備」（31・3％）の3項目が3割を上回る（図表4－6）。次いで「昇進昇格制度の整備」（25・2％）、「外国人材の強みを活かせる部署への配属」が23・3％となっており、福利厚生以外では評価や人事配置面が意識されている。「あてはまるものはない」は26・3％。

外国人を受け入れる職場へのサポートとしては、外国人を受け入れる「上司への説明・指導」が41・8％、「職場メンバーへの説明・指導」が36・0％と多い一方(9)、「とくになし」が31・9％あり、対応が2極化している。

図表4－6　外国人材への制度整備・サポート（複数回答）

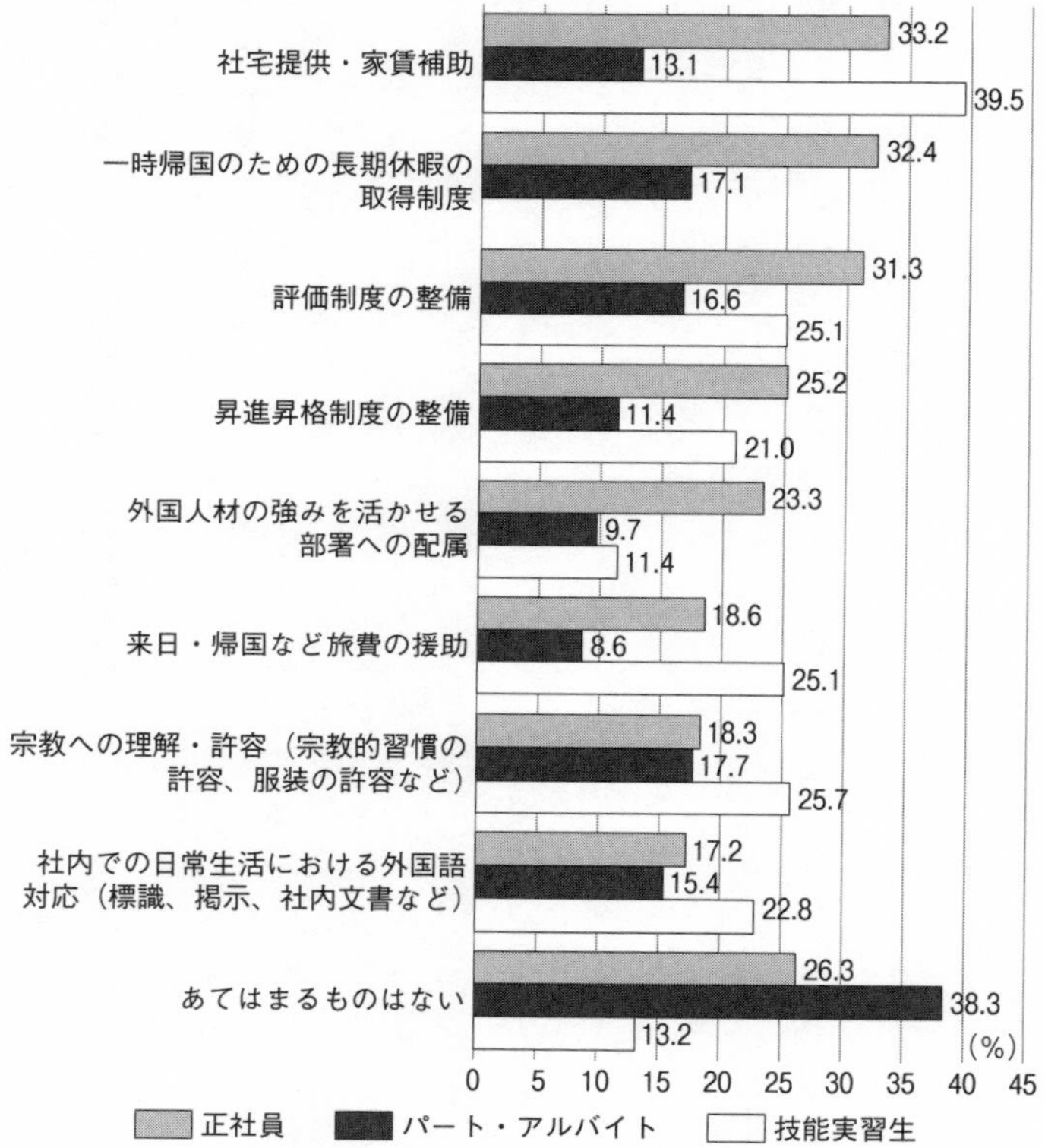

（資料）　パーソル総合研究所「外国人雇用に関する企業の意識・実態調査」(2019)より抜粋

(2) パート・アルバイト

「あてはまるものはない」が38・3％と最も割合が高い。他では「宗教への理解・許容（宗教的習慣の許容、服装の許容など）」17・7％、「一時帰国のための長期休暇の取得制度」17・1％などが多いが、育成同様に定着への取組みは総じて手薄である。

(3) 技能実習

「社宅提供・家賃補助」が39・5％と最も割合が高い。以下、「宗教への理解・許容（宗教的習慣の許容、服装の許容など）」25・7％、「来日・帰国など旅費の援助」25・1％、「社内での日常生活における外国語対応（標識、掲示、社内文書など）」22・8％となっている。これらは正社員やパート・アルバイトより割合が多い。「あてはまるものがない」は13・2％と正社員やパート・アルバイトより少ないことと考え合わせても、技能実習は定着のためのフォローが重視されている。

4 外国人労働者の定着状況

(1) 正社員・高度人材

マイナビ「2021年卒企業外国人留学生採用状況調査」(2021)によると、外国人留学生の入社から退職までの期間(全規模)は「1年未満」が10・3%、「2年以上5年未満」が36・6%、「5年以上」が9・9%となっている。[10] 従業員100人未満の企業では「1年未満」が10・3%、「2年以上5年未満」が43・6%と全規模ベースより割合が高く、中小企業における外国人留学生の定着度が大企業に比べ低いことが示されている。退職者の退職理由については(複数回答)、「家族の問題や帰国することになったため」が30・0%、「キャリアアップのため」21・2%、「職種がミスマッチしていたため」が14・3%などとなっている。

パーソル総合研究所「留学生の就職活動と入社後の実態に関する定量調査」(2020)によると、留学生出身の外国人社員の現在の会社で働きたい年数は、1年が15・0%、2年が21・4%、3~5年が38・5%でほぼ4分の3が5年以内と回答している。日本国内で働きたいと考える年数は11・6年であり、国内での転職を前提に長期の日本在留を考えるケースが多い。ただし、日本人社員との離職率の比較では大きな差はない。正社員の場合、「日本人よりも高い」が21・3％、「日本人と変わらない」が60・9％、「日本人よりも低い」が17・7％である（同「外国人雇用に関する企業の意識・実態調査」）。

コラム4　外国人労働者は日本人より頻繁に転職するのか

企業が外国人労働者を雇用する際に懸念する背景の一つに、「外国人労働者は日本人より頻繁に転職するので、中長期的に戦力として期待しにくく、育成コストも埋没化しやすい」という考えがある。労働政策研究・研修機構「日本企業のグローバル戦略に関する研究」（2019）によると、日本社会の一般的な傾向として「外国人は日本人に比べて離職しやすいと思う」かどうかについて、「そう思う」は20・5％、「ややそう思う」25・1％、「どちらともいえない」36・8％、「あまりそう思わない」12・3％、「そう思わない」1・8％となっており、外国人は日本人より転職する頻度が高いと考える風潮は強い。

一方で、本文で述べたように雇用の現場においては両者に大きな違いはない。[11]マイナビ「2021年卒マイナビ企業外国人留学生採用状況調査」（2021）をみても、外国人留学生採用の際の懸念として（複数回答）、「離職率が高いイメージがある」を挙げる割合は留学生の採用実績のない企業では22・8％にのぼるのに対し、採用実績のある企業では5・8％に過ぎない。少なくとも日本人学生との比較では、外国人は転職の頻度が高いとする見方に必ずしも確固たる根拠があるとはいえないようである。

(2) 技能実習

技能実習では2号までなら3年、3号までなら5年の在留期間を前提とし、特定技能へ移行しないのであれば実習生が母国へ帰国するため、一定の労働力を実習生に依存するのであれば在留期間の到来により実習生が交替していくサイクルを確立させていくこととなる。前述の通り技能実習3号の認定件数は2号に比べ少なく、在留期間3年が一般的であるが、個々の実習生の定着よりも実習生を3年サイクルで交替させていくシステムが企業に定着するかどうかが問題となる。

技能実習制度は1993年の運用開始である。2010年の入管法改正により在留資格

「技能実習」が設けられたことでそれ以前と統計上の数値は連続しないが、一部の企業は2010年以前から実習生を受け入れている。パーソル総合研究所「外国人雇用に関する企業の意識・実態調査」（2019）によると、技能実習生を受け入れている企業の52・2％は2015年以降の受入れで調査時点から4年以内である一方、20・8％が2010～2014年頃、12・6％が2005～2009年頃、6・3％が2000～2004年頃、8・2％が2000年以前と回答している。受入れを始めて期間が経っていない企業、受入れを中止した企業がある一方で、継続的に受け入れを続け実習生のサイクルを確立している企業が相当程度存在する様子が窺われる[12]。

コラム5　技能実習における失踪の問題

技能実習では一定期間（2号までであれば3年間）の就労が前提であり、制度上は家族の事情等により中途で実習を切り上げて帰国するケースを例外として想定すればよいことになるが、実際には失踪により予定の実習期間を全うしない場合も想定しなければならない。出入国在留管理庁によると、2022年の技能実習生の失踪者数は9，006人で、2022年末の技能実習生32・4万人と比較すれば3％に満たないものの、想定期間内の労働力として計算できなくなるうえ、本国送還のコストを受入企業が負担しなければならず、育成コストの埋没化と合わせ企業の損失は小さくない。職種別には技能実習生の2割に過ぎない建設関係が失踪者の過半を占めている。就労環境が厳しくなりがちな現場作業域では個々の技能実習生の実習期間内の定着に課題があり、技能実習生のサイクルを継続していくうえで悪影響が存在することを示す。

(3) 雇用形態別　定着に費やす企業の負担感

パーソル総合研究所「外国人雇用に関する企業の意識・実態調査」(2019)で正社員、パート・アルバイト、技能実習生別に育成・定着面について感じる課題(複数回答)についてみると、「言語・コミュニケーションに課題がある」は正社員34・9%、パート・アルバイト46・3%、技能実習生58・1%、「現場でのマネジメントに苦労している」が同31・0%、36・0%、44・9%、「業務内容をうまく教えることができない」が同27・7%、33・7%、47・3%、「現場でトラブルが多く起こっている」が同19・1%、24・0%、31・1%となっており、すべての項目で課題として挙げる割合が技能実習生、パート・アルバイト、正社員の順に高い（**図表4－7**）。第2章で述べた通り、技能実習生という雇用形態は一定期間（多くの場合3年間）継続して就労することが期待でき、かつ時給面では日本人のパート・アルバイトより低く最も賃金面では低コストであるものの、育成・

図表4－7　外国人材雇用の課題（複数回答）

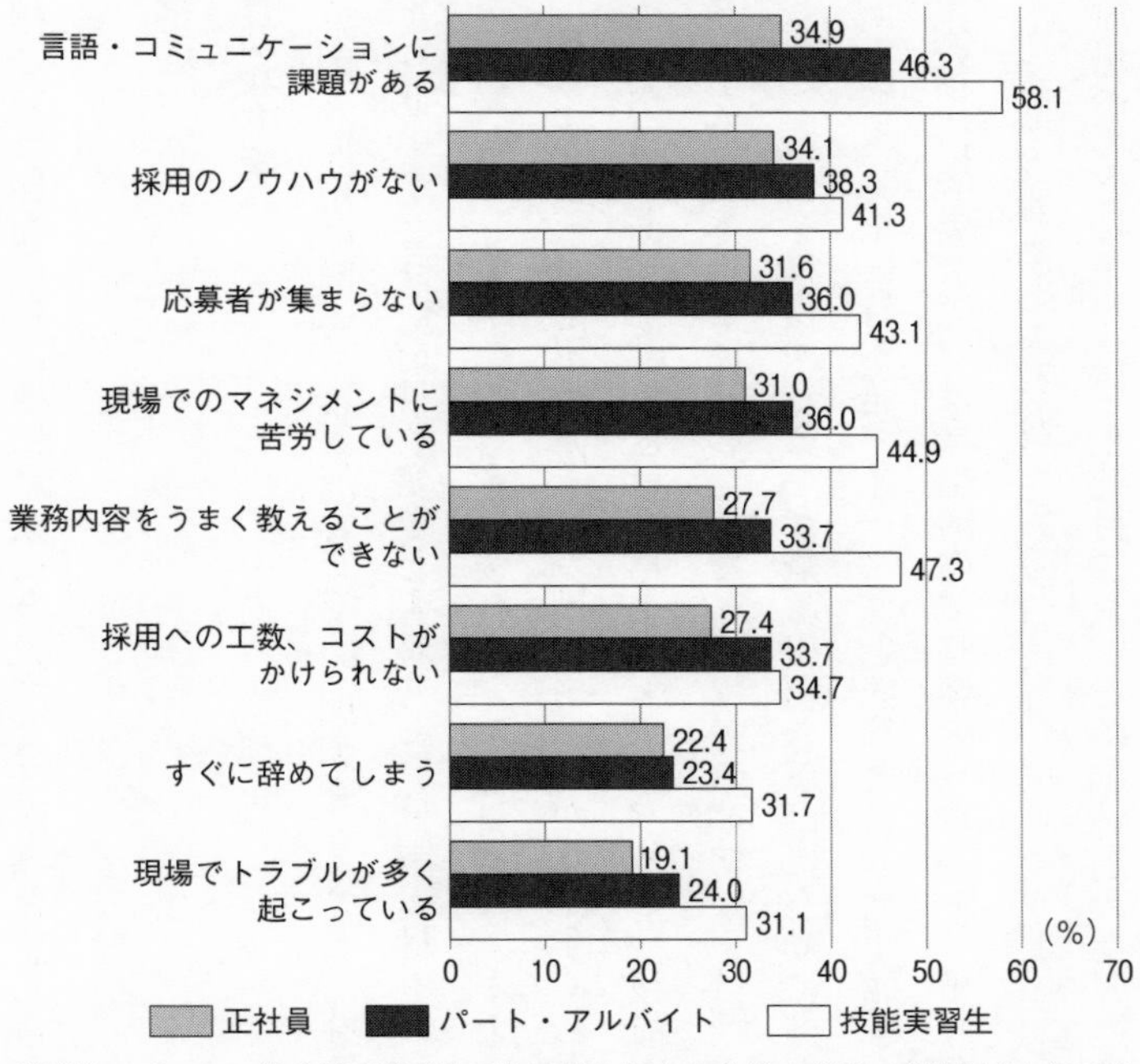

（資料）　パーソル総合研究所「外国人雇用に関する企業の意識・実態調査」（2019）より抜粋

（注）　5段階尺度（あてはまる～あてはまらない）の「あてはまる」「ややあてはまる」選択者の割合

定着面で組織にかかる負担という側面からは逆に企業にとってコスト高と感じられていることを示している。

(4) 離職率引き下げに有効な方策

パーソル総合研究所「外国人雇用に関する企業の意識・実態調査」(2019)で、外国人材の離職率が日本人より低いかどうかを目的変数とするとき、外国人材本人への支援策を説明変数として説明する場合、5%水準で有意な変数は、正社員では「ミーティングや社内行事などのコミュニケーション機会の創設」「外国人用にわかりやすくしたマニュアル、業務資料の準備」の2項目であった。正社員はパート・アルバイトや技能実習生より日本語が堪能な人材が多いが、日本人と同様の環境でインプット、アウトプット両面にわたる職場コミュニケーション機会を提供することが離職率引き下げに有効に機能する。同時に、日本語に堪能であっても完全に日本語ネイティブと同等とは考えず語学面で配慮することも有効であるといえる。技能実習生では「生活環境整備のサポート(預貯金口座の開設、電話の契約など)」が説明変数として有意であった。[13]

外国人材を受け入れる職場への支援策では、正社員においては「外国人指導担当者の教育」が、技能実習生では「外国人を受け入れる上司への、受入れに関する説明・指導」が有意である。職場で直接外国人労働者と関わりを持つ上司や担当者に対応を任せて放置するのではなく、教育や説明・指導を行ったうえで直接の対応を委ねる姿勢が重要である。

注

（1）残りの19・5％は外国人を別枠で採用しているとする回答である。労働基準法では国籍を指定した募集は禁じられているので、特定の外国語に堪能であるなどの募集条件により外国人の応募を想定した枠を設けているものと考えられる。

（2）本項目はグラフのみの公表で数値は非公表。

（3）外国人雇用に関する情報収集方法で最も参考になったものとして、「在職中の外国人従業員からの情報」を10・6％の企業が挙げ、「外部の人材サービス企業」の15・4％に次ぐ。

（4）パーソル総合研究所「留学生の就職活動と入社後の実態に関する定量調査」によると、留学生の第一志望企業の採用活動として、「日本語以外の企業ホームページ」が36・6％、「留学生の採用を情報公開」「留学生のインターンシップへの受け入れ」が各35・4％となっている。

（5）調査時期が国外への移動に制限があった時期にあたるため、対面に比べオンライン面接の割合が高くなっている可能性はあろう。

（6）母国への仕送りなどがあれば借入金の返済と合わせた技能実習生の負担が大きくなる。

（7）これ以外に技能実習生の特定技能での雇用延長を希望したものの、実習生の都合等で実現せず、外部から特定技能で採用を考える場合がある。

（8） 特定技能を受け入れている企業への調査では技能実習意欲等を満足とする割合が8割を超える一方で、日本語でのコミュニケーション能力を満足とする割合は48・6％にとどまる。

（9） パート・アルバイト、派遣社員も同様である。

（10） 「退職していない」は39・5％。但し在社期間に条件を設けていない設問であり、長期在社とは限らない。「入社前のため不明」は3・7％。

（11） ディスコ調査も同様の結果となっている。

（12） 大阪商工会議所「技能実習制度および特定技能制度に関する調査」（２０２２）によると、技能実習」による外国人材の採用状況について、従業員３００人以下の企業では「現在採用しており今後も採用予定」11・8％に対し、「現在採用しているが、今後は採用しない」2・1％、「過去に採用したが、現在は採用していない」4・6％で、受け入れの経験がある企業では継続的な実習生受け入れが機能している割合が高い（回答企業の71・0％は「採用したことがないと回答」）。

（13） パート・アルバイトでは外国人材本人、職場いずれも有意な説明変数はなかった。

第５章 外国人雇用のメリットと問題点

日本企業が外国人を雇用することは第１章でみた人手不足の解消に大きな役割を果たす。これまで日本人社員のみで運営してきた企業に外国人が加わることは、単なる人数の補強にとどまらず、企業文化や社員の仕事への向き合い方に新たな刺激を与える可能性がある。

外国人にとっても日本企業で働くことで、非日系企業では得にくい経験や満足感を得ることがあろう。当然日系企業特有のデメリットもあろうが、外国人従業員にとってメリットを享受する度合いが高いほど、両者にとってＷｉｎ－Ｗｉｎの関係が築きやすくなろう。

一方で、第１章でみたように企業にとって外国人雇用の重要性は高まるなかでも、中小企業における外国人雇用は大企業ほど進んでいない。必要性を感じつつ採用に慎重な企業、採用に踏み切ったものの、長期的に戦力化に至っていない企業、外国人雇用を中断した企業もある。

第5章では外国人雇用のメリットと問題点をみていく。メリットは組織や既存社員一人一人に与える影響のうち、プラスに作用するものとしてどのようなものがあるかをみていく。続いて外国人従業員が日本企業で働くことで感じるメリットにどのようなものがあるかをみる。続いてどのような要因が企業、特に中小企業の外国人雇用の阻害要因となっているかを明らかにする。そこから生じる問題点を企業が感じる問題点と、外国人雇用者が感じる問題点という2つの視点から論じる。

1 外国人雇用のメリット

(1) 企業・従業員が外国人雇用に感じるメリット

① 定性的なメリット

ディスコ「外国人留学生/高度外国人材の採用に関する調査」(2022年12月調査)によると、外国人留学生採用による自社への好影響の内容(複数回答)として、「異文化・多様性への理解の向上」「日本人社員への刺激・社内活性化」を挙げる割合が6割を上回り、「グローバル化推進への理解、意識醸成」が5割弱、「海外の拠点や取引先との関係の向上」が3割弱で続く（**図表5－1**）。国際化への貢献という直接的な効果にとどまらず、むしろそれを上回って企業文化や社員の意識への好影響が強いことは、外国人を雇用することが企業にとって普遍的な意味で企業価値を高める可能性を持つといえる。

総務省「高度外国人材の受入れに関する政策評価書」（２０１９）でも、企業が外国人材を採用したことにより感じる効果として、「異文化・多様性への理解が向上した」「グローバル化への対応が進んだ」が各69・1％、「職場が活性化した」45・5％、「日本人スタッフの成長につながった」41・8％、「業務の効率化が進んだ」38・2％が挙げられており、企業文化や社員の意識へのプラス効果を挙げる

図表5－1　外国人留学生採用による自社への好影響（複数回答）

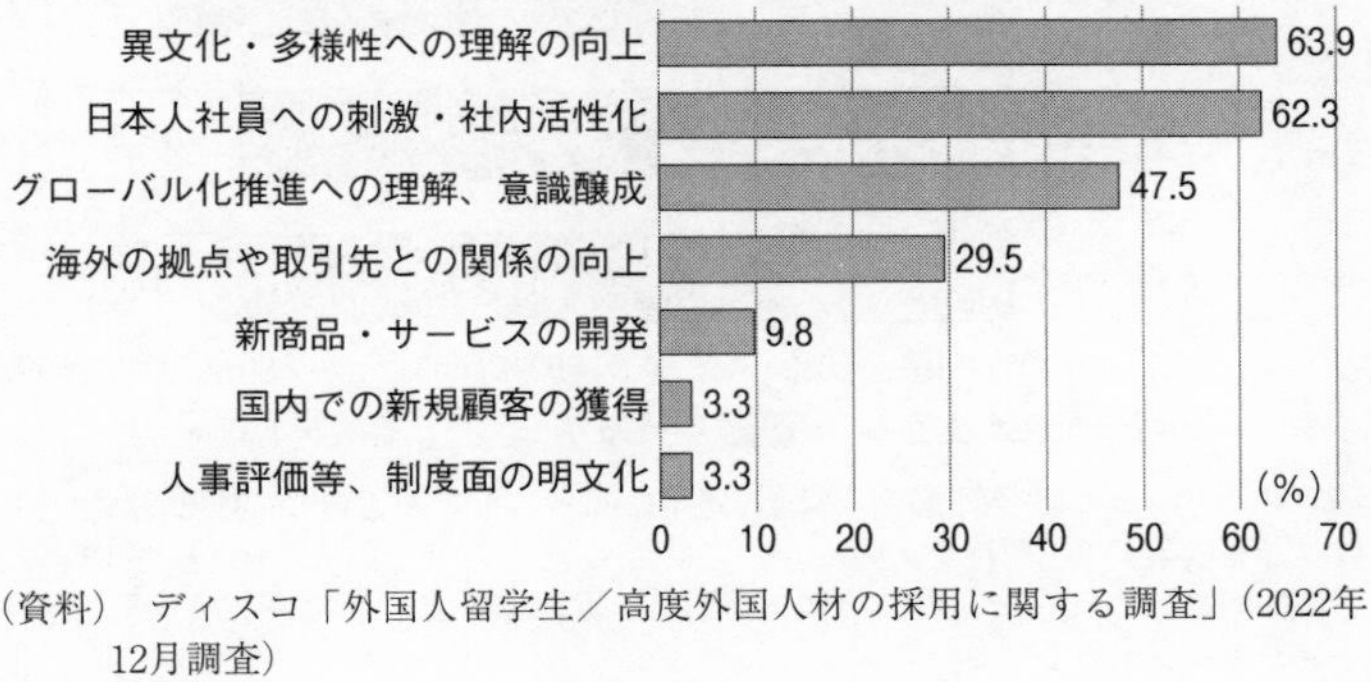

（資料）　ディスコ「外国人留学生／高度外国人材の採用に関する調査」（2022年12月調査）

割合が高い。

　雇用した外国人労働者の活躍度合いについての評価をパーソル総合研究所「外国人雇用に関する企業の意識・実態調査」（２０１９）でみると、正社員、技能実習生、パート・アルバイトいずれにおいても「期待を上回る」の割合が「期待を下回る」より多く、「期待を下回る」の割合は１〜２割にとどまる（**図表５－２**）。正社員においては特に期待を上回る度合いが強い。

　また、「期待通り」はいずれの雇用形態でも５割前後の割合を占め、期待を下回った割合は２割に満たない。この結果からは大多数の企業が正社員を中心に外国人雇用にメリットを感じている様子が窺える。

　第１章で示した外国人雇用の必要性の３要素の

図表５－２　外国人材の活躍状況

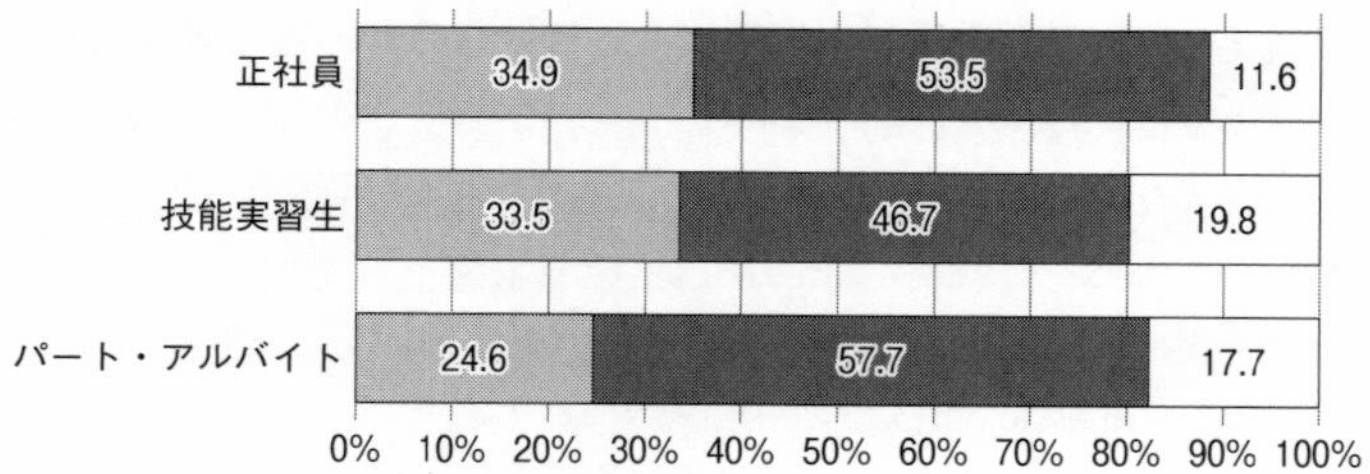

（資料）　パーソル総合研究所「外国人雇用に関する企業の意識・実態調査」(2019)
（注）　５段階尺度（期待を上回る、やや上回る、どちらともいえない、やや下回る、下回る）のうち最初の２項目を「期待を上回る」とし最後の２項目を「期待を下回る」としている

うち、アンケート調査で調査項目として挙げていない人手不足の充足を別にして、海外市場開拓とイノベーション推進については直接的に効果の存在を示す内容ではないが、企業文化や社員の意識の変化を通じ効果につながる可能性が示されている点でこれらの要素も肯定的に評価されていると考えられる。

外国人労働者の能力や必要性に対する企業の評価も概ね肯定的である（**図表5－3**）。労働政策研究・研修機構「グローバル人材の採用と育成—日本企業のグローバル戦略に関する研究（3）—」によると、外国人正社員に対する評価として「自社には優秀な外国人従業員が働いている」「外国人の雇用は自社にとって必要不可欠である」において、「そう思う」「ややそう

図表5－3　外国人正社員に対する評価

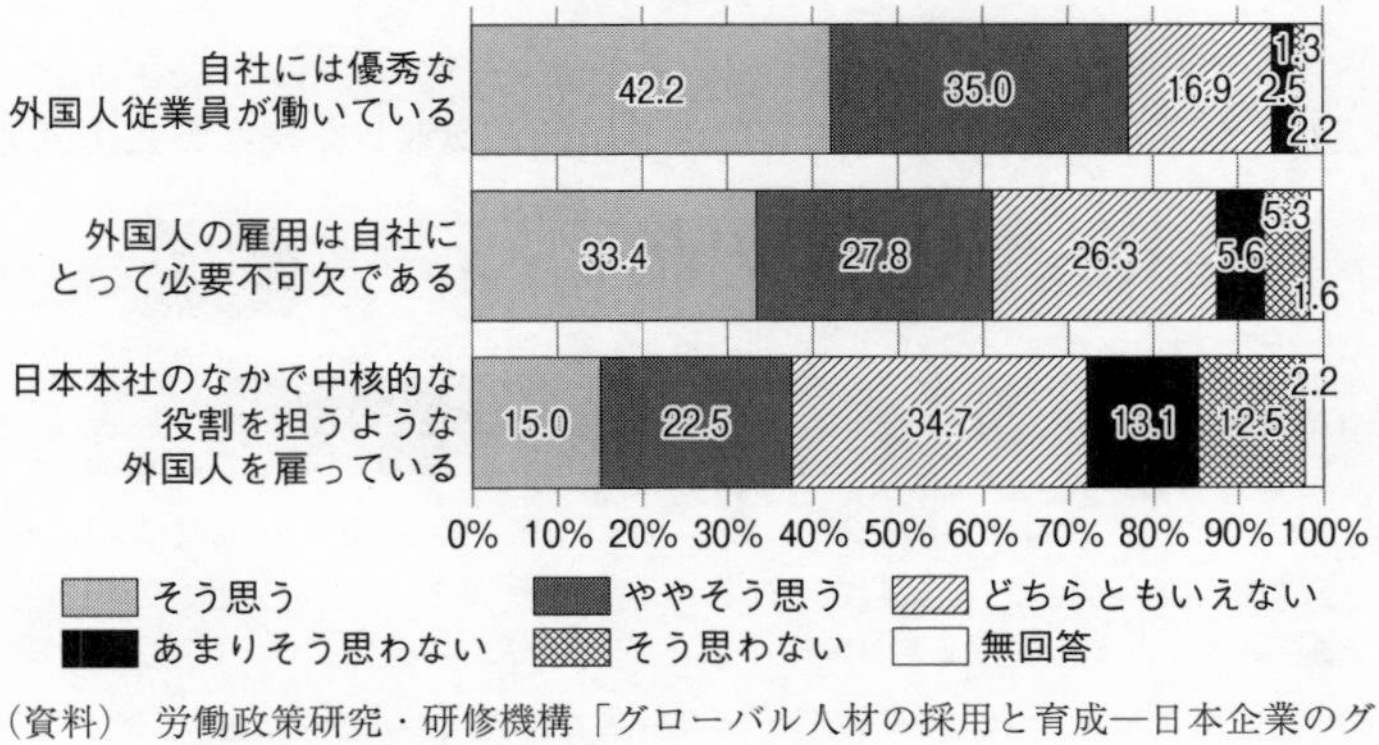

（資料）　労働政策研究・研修機構「グローバル人材の採用と育成—日本企業のグローバル戦略に関する研究（3）—」（2022）

思う」の合計が前者で8割弱、後者で6割強となっており、肯定的な評価が多い。ただ、「日本本社のなかで中核的な役割を担うような外国人を雇っている」の割合は4割弱に過ぎず、外国人社員の能力を十分に活用しているとまではいえない。

② 企業業績との関係

外国籍の社員雇用の有無と企業業績（売上高）との関係については、労働政策研究・研修機構「日本企業のグローバル戦略に関する研究」（２０１９）によると、外国籍社員がいる企業の方が、いない企業より5年前と比較して増収となった企業の割合が高い（**図表5－4**）。このことは外国人雇用と業績との相関性を示唆するものである(1)。ただし、このことは相関性の示唆にとどまり、外国人社員を雇用することが増収につながるという一方向の因果性を示すものではない。逆に増収企業が外国人

図表5－4　外国籍社員の有無別5年前と比較した現在の売上高

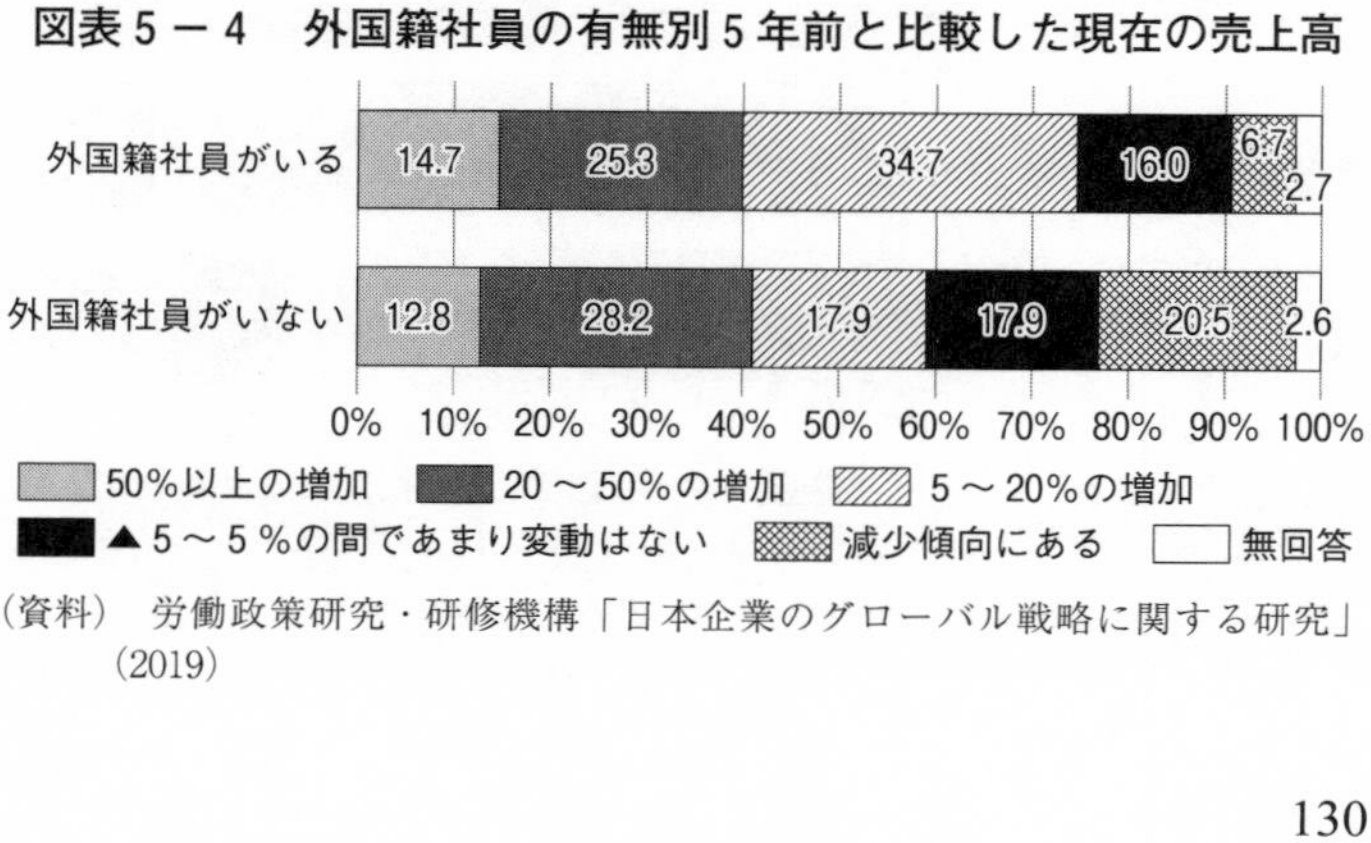

（資料）　労働政策研究・研修機構「日本企業のグローバル戦略に関する研究」(2019)

を積極的に雇用しているという逆の因果関係が成り立つことも考えられる[2]。

(2) 外国人が感じるメリット

総務省「高度外国人材の受入れに関する政策評価書」（2019）で外国人材が挙げる日本の就労環境の長所・魅力（複数回答）をみると、「上司や同僚など周りの日本人社員が親切」が63・9％で最も割合が高い（**図表5－5**）。以下、「仕事にやりがいを感じる」が47・4％、「個性、能力、専門性がいかせる職場への配置」が46・1％、「長期雇用が保障されている」が43・0％、「仕事とプライベートが両立で

図表５－５　外国人材が挙げる日本の就労環境の長所・魅力（複数回答）

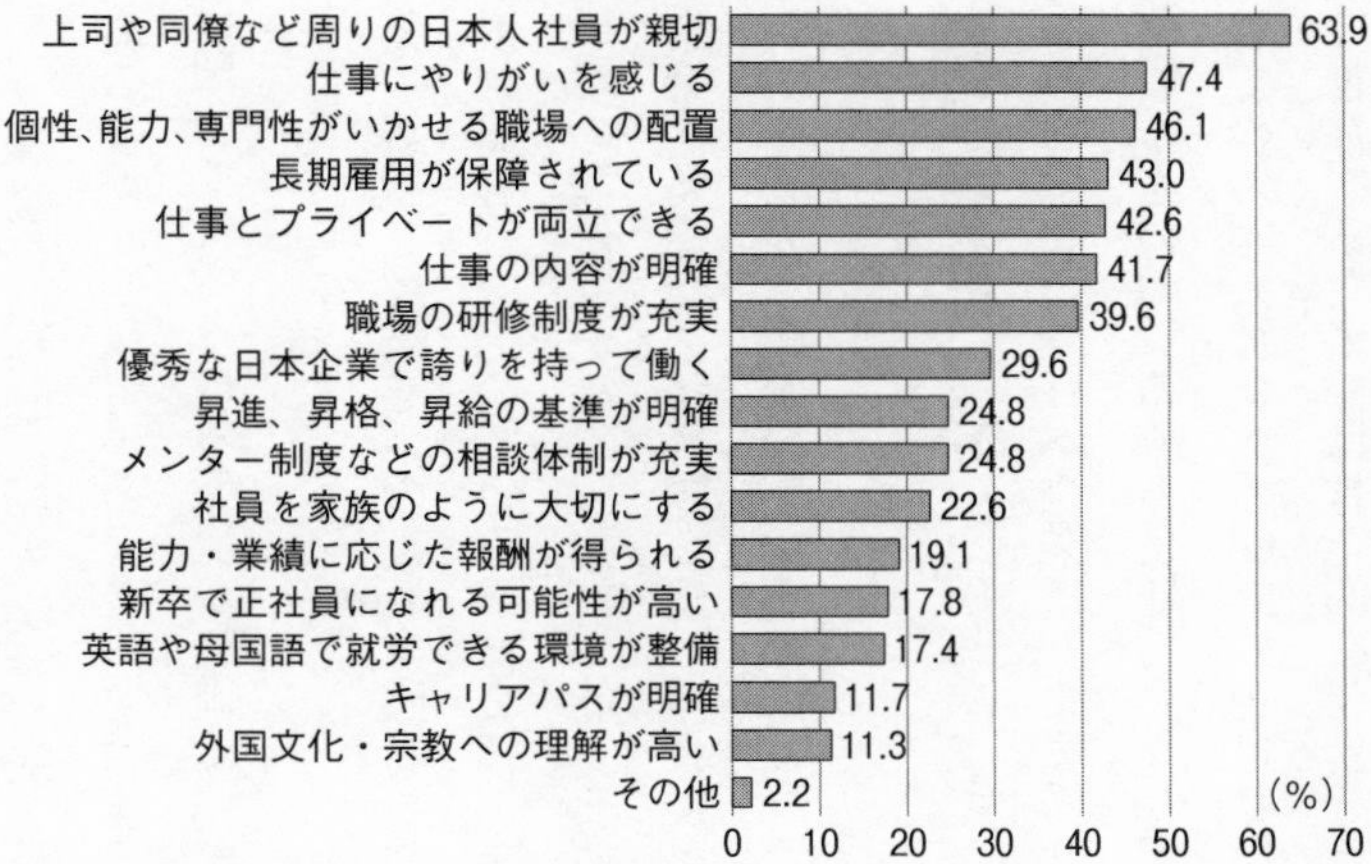

総務省「高度外国人材の受入れに関する政策評価書」（2019）

が39・6%、「職場の研修制度が充実」が41・7%、「仕事の内容が明確」が42・6%、「仕事の内容が明確」が42・6%などを挙げる割合が高い。一方、「昇進、昇格、昇給の基準が明確」は24・8%にとどまり、「能力・業績に応じた報酬が得られる」、「英語や母国語で就労できる環境が整備」、「キャリアパスが明確」、「外国文化・宗教への理解が高い」も2割に満たない。

最もメリットと感じる度合いの高い、上司や同僚の親切さは居心地の良さを感じさせる[3]要素と取ることができ、外国人が就職前や職場に慣れる過程で抱いている不安を払拭するのに効果を発揮している。[4]このほかに仕事そのものへの満足度が高く、個性や能力を活かせる職場配置が評価されることについては、日本企業が多様な業務経験を積む機会に恵まれていることを示すものといえよう。長期雇用も身分の安定と業務経験の蓄積にはプラスに作用するものとして相応に評価されている。

一方、外国人社員の言語面での問題や、宗教・文化への理解、報酬の評価基準、キャリアパスの明示など関しては満足度が高いとはいえない。すなわち日本企業は人間関係と仕事内容・業務経験機会などには肯定的な評価を得ているものの、報酬や長期的キャリアへの展望など待遇面や、自身の文化的背景など個としての外国人社員への配慮に物足りなさが残っている様子が窺われる。外国人社員の定着を推進するためには肯定的な要素を維持するとともに、肯定的な評価の乏しい要素を改善していくことが求められよう。

2 外国人雇用の問題点

(1) 企業サイド

① 外国人を採用しない理由～採用を躊躇する要因

中小企業で外国人雇用が進んでいない背景の一つに、人手不足で外国人雇用の必要性を感じつつも実行に踏み切れないでいる企業の存在があろう。(株)日本総合研究所「人手不足と外国人採用に関するアンケート調査」(2019)によると、現在外国人を採用・活用していない企業における理由について(複数回答)、「日本人の雇用を優先」が26・0%、「雇用管理が煩雑」が24・6%、「考えたこともない」が21・9%、「事業の性質上、できない」が19・2%、「トラブルが心配」が18・3%の順となっている(**図表5－6**)。なお、「生産性にマイナス」は3・0%に過ぎず、ほとんど問題視されていない。

日本人で雇用を充足できる状況を前提とした回答が上位に挙がるなかで、雇用管理の煩雑さとトラブルへの懸念が挙がっていることは、外国人雇用に踏み切るにあたってこの2

要素が障害として強く意識されていることを示す。

雇用管理の問題は、使用者としての企業と雇用される外国人との関係に関することと、在留資格更新等制度的な手続きに関することの2つに分かれる。これらを企業内部で解決、処理できるかどうかについて懸念しているものと理解できる。

② 外国人採用に関する問題点

社員の採用に関して、企業は雇用契約の一方の当事者であるため、規模の大小に関わらず組織として関与せざるをえない。経営資源に乏しい中小企業では外国人採用という必ずしも一般的ではないルートでの採用について、どのような点を問題と感じているだろうか。大阪府大阪産業経済リサーチセンター「大阪における高度外国人材の採用と定着」（2018）によると、高度外国人材

図表5－6　現在外国人を採用・活用していない理由（複数回答）

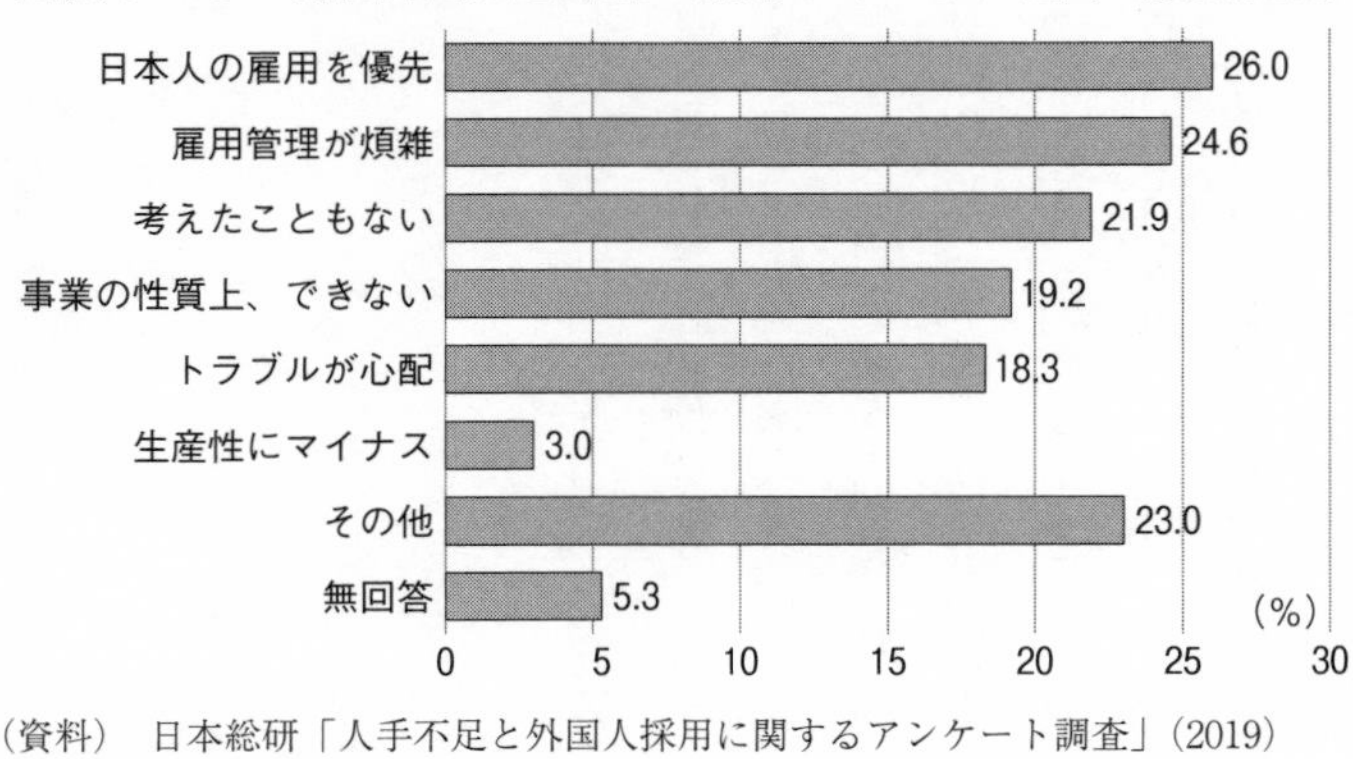

（資料）　日本総研「人手不足と外国人採用に関するアンケート調査」（2019）

を雇用する際の課題として（複数回答）、企業側の課題では「能力判定が困難」が39・5％と最も高く、「応募数が少ない」18・4％、「募集コストへの人的時間的負担」17・1％、「社内の受け入れ体制が未整備」15・8％、「採用ルートが不明」11・8％の順となっている（**図表5－7**）。前述のように外国人を採用する頻度や人数が限られるなかで、適材を効率的に選抜・採用することが容易でないことがわかる。加えて「応募数が少ない」の割合が高いことは、「募集コストへの人的時間的負担」の高さと相俟って、限られた経営資源の下で外国人就職希望者への周知を高める工夫が必要であることを示している。応募者に関する問題点としては、「日

図表5－7　高度外国人材の採用における課題（複数回答）

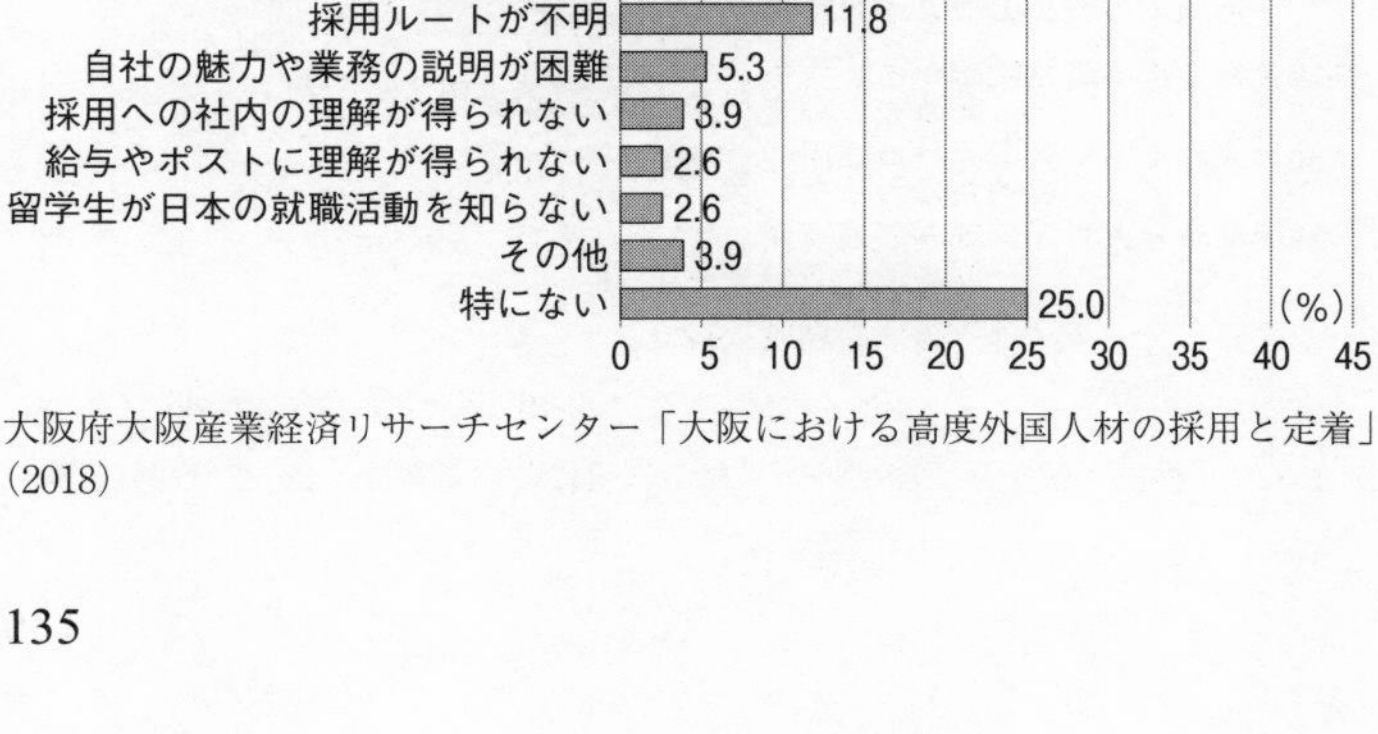

大阪府大阪産業経済リサーチセンター「大阪における高度外国人材の採用と定着」（2018）

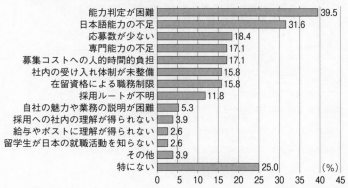

本語能力の不足」が31・6％、「専門能力の不足」17・1％、「在留資格による職務制限」15・8％などとなっている。

③ 外国人社員活用の課題

外国人を雇用している企業がその活用を図るうえで感じている課題についてみてみよう。ディスコ「外国人留学生／高度外国人材の採用に関する調査」（2022年12月調査）によると、高度外国人材を活用していく上での課題として最も多いのは「社内での日本語コミュニケーション能力の不足」を46・6％の企業が挙げている（**図表5－8**）。高度人材はパート・アルバイ

図表5－8　外国人社員活用の課題（複数回答）

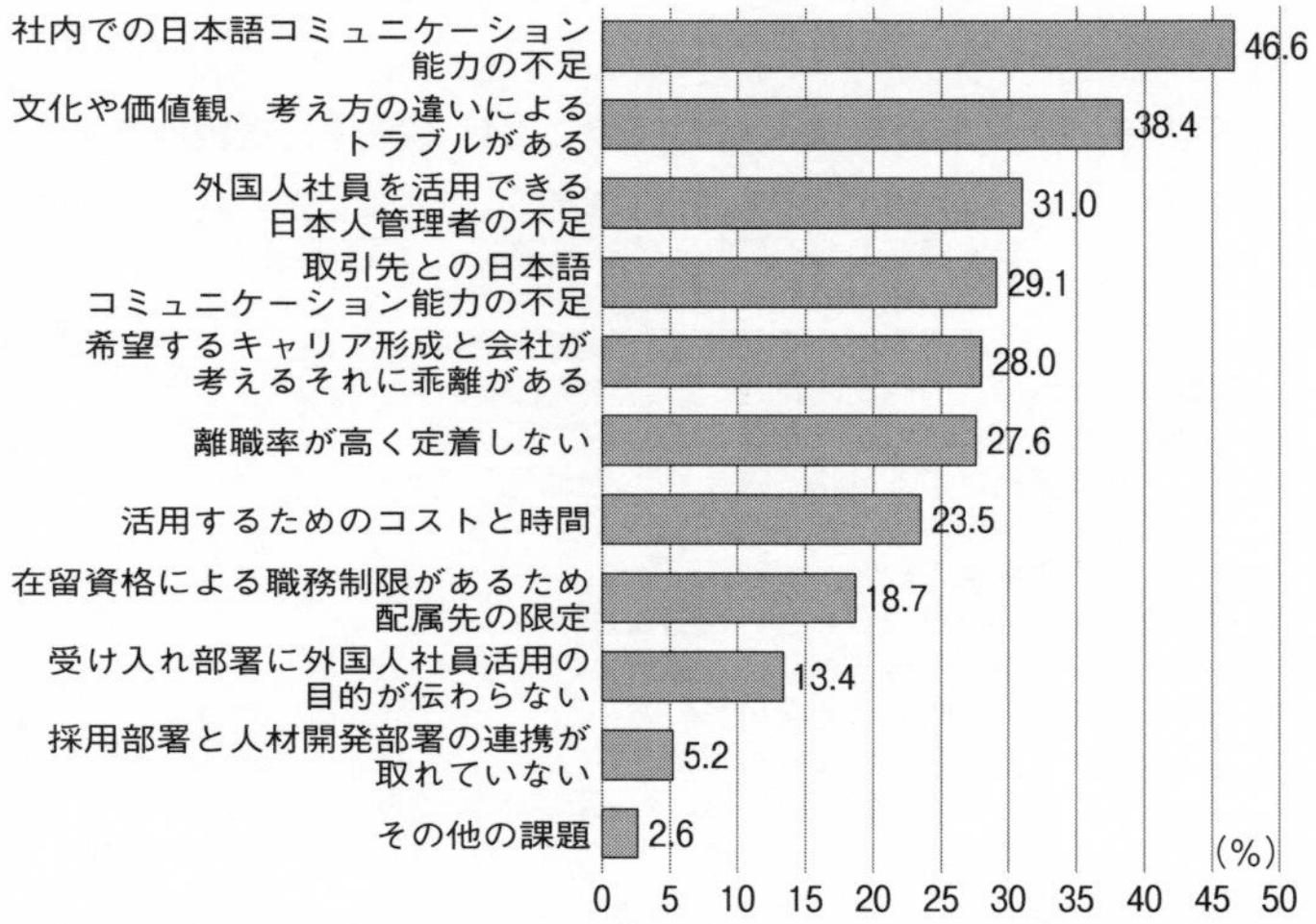

ディスコ「外国人留学生／高度外国人材の採用に関する調査」（2022年12月調査）

トや技能実習に比べ日本語への習熟度は高いとみられるが、それでも日本語能力は避けられない課題として重要視されていることがわかる。次いで「文化や価値観、考え方の違いによるトラブルがある」が38・4％となっており、入社時点での使用者と外国人労働者の相互理解のままでは、考え方のギャップがトラブルに結び付く可能性が少なくないことが示される。また、「外国人社員を活用できる日本人管理者の不足」は31・0％あり、外国人活用の現場でノウハウを持つ人材が不足している。以下、「取引先との日本語コミュニケーション能力の不足」29・1％、「希望するキャリア形成と会社が考えるそれに乖離がある」28・0％、「離職率が高く定着しない」27・6％、「活用するためのコストと時間」23・5％などとなっている。

前記日本総合研究所調査で、企業が外国人活用上の課題として挙げた項目をみてみよう。「コミュニケーションに苦労する」（44・1％）の割合が最も高い。前述の通り技能実習生やその延長線上にある特定技能の日本語能力は十分でないとの見方が多いこと、日本語に堪能な人材が多い高度人材・正社員レベルでも微妙なニュアンスの伝達には支障が生じる様子が窺われる。「育成した人材が一定期間しか雇えない」（37・9％）が多いことは技能実習や特定技能1号などの在留期限の制限に関する言及と考えられよう。次いで「人材のばらつきが大きい」（29・2％）が多い。アルバイトなどまとまった人数を雇用する場合に仕事への取り組みや、人柄などにばらつきが大きくなることが調査の個別コメントで指摘されている。また、「在留カード、パスポートなどを確認しても、不法就労の見分けが難しい」といったコメントもみられ、在留資格の正当性の見極めが企業レベルで難しいことも人材のばらつきに結び付いている。この他では「すぐに離職する」は14・3％、「日本人社員との関係がうまくいかない」は5・8％と挙げる割合は限定的である。

④ 行政への要望にみる制度上の問題点

全般的な課題

外国人雇用企業が行政にどのような対策を要望しているかを通じ、企業が単独では解決しにくいと感じる課題を確認する。パーソル総合研究所「外国人雇用に関する企業の意識・実態調査」（2019）によると（複数回答）、雇用に関する要望としては「在留資格の取得・変更などの手続きの簡素化」が34・8％と最も高く、資格変更手続きの負担感の大きいことが見て取れる（**図表5−9**）。次いで「外国人受け入れのコスト支援」（33・4％）、「日本語教育研修のコスト支援」（29・2％）が続き、採用と教育（日本語）のコスト負担の重さが窺われる。更に「技能実習の在留期間の緩和」（17・6％）、「受け入れ可能業種・職種範囲の拡充」（17・0％）、「専門的・技術的分野の在留資格の在留期間の緩和」「特定技能の在留期間の緩和」（いずれも16・４％）と、在留資格の期間や、業種・職種範囲拡充が要望事項に挙がっている。現行の就労系在留資格の体系が、外国人材の採用や、外国人社員の長期戦力化と社内での業務経験拡大を意図する際に、日本人よりも制約が大きいと感じていることが読み取れる。「外国人材活用セミナー・説明会の開催」（16・４％）、「外国人材活用に関する相談窓口などの拡充」（15・８％）、「外国人材活用の事例紹介」（14・６％）など

図表５－９　行政への要望（雇用企業全体、複数回答）

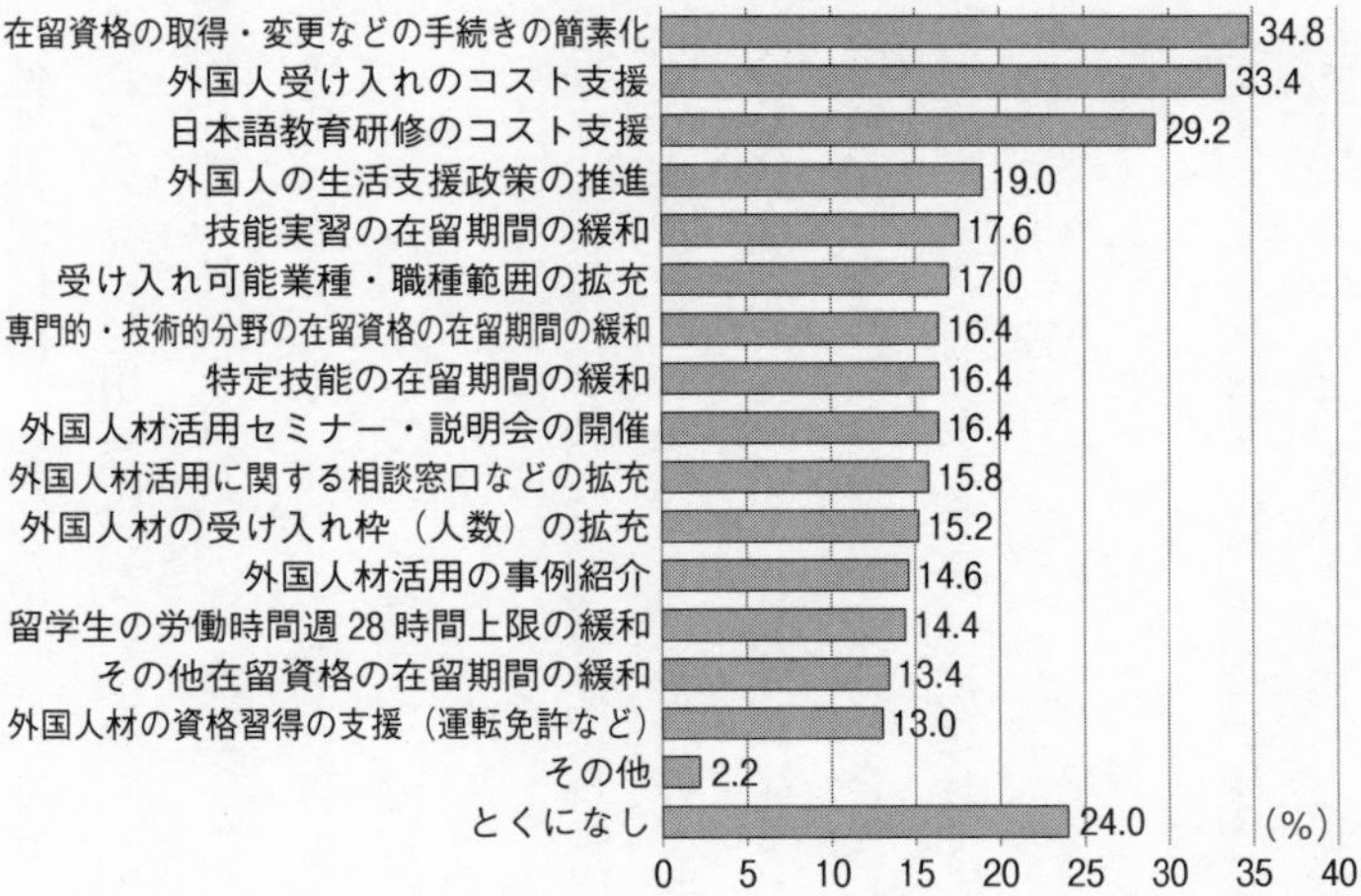

（資料）　パーソル総合研究所「外国人雇用に関する企業の意識・実態調査」（2019）
（注）　正社員、パート・アルバイト、技能実習生いずれかを雇用している企業

情報提供は、手続面、コスト面、在留資格の利便性拡大に比べると要望度合いは低いが、回答企業に外国人雇用の実績がある企業が含まれており、雇用実績のない企業の立場からみれば重要性はより高いものと考えられる。雇用形態別には正社員、パート・アルバイト、技能実習生いずれも全体と同様の項目が上位に挙がっているが、上位3項目に関しては技能実習生で挙げる割合が特に高い。また、パート・アルバイトでは「留学生の労働時間週28時間上限の緩和」を挙げる割合が高い。

技能実習への要望については、出入国在留管理庁「特定技能制度及び技能実習制度に関する意識調査」（2022、複数回答）によると、技能実習計画に従って技能実習生に業務に従事させることについて、「職種・作業の区分けが細かい」（50・9％）、「従事させる業務の計画が硬直的である」（50・0％）、「技能検定等の内容と現場の業務が合致していないものがある」（44・6％）などが多く、現場での実習で必要な柔軟性に比して実習計画が細かく運用面で融通が利かない点が問題視されている。[5]

技能実習・特定技能における課題

前述の通り運用が国の制度に基づいている技能実習と特定技能では、企業の実習生・特定技能の活用ニーズと現行制度の間に隔たりがあり、このことが第2章で述べた制度見直しの動きの背景となっている。以下では雇用現場で生じる問題点についてみていく。

まず技能実習については、出入国在留管理庁「特定技能制度及び技能実習制度に関する意識調査」（2022）によると、技能実習生を受け入れる中で苦労する点として、「技能実習生の日本語能力の問題で意思疎通を図ることが難しい」が60・9％で最も多い（**図**

図表5－10　企業が技能実習生、特定技能の受入れで苦労する点（複数選択、抜粋）

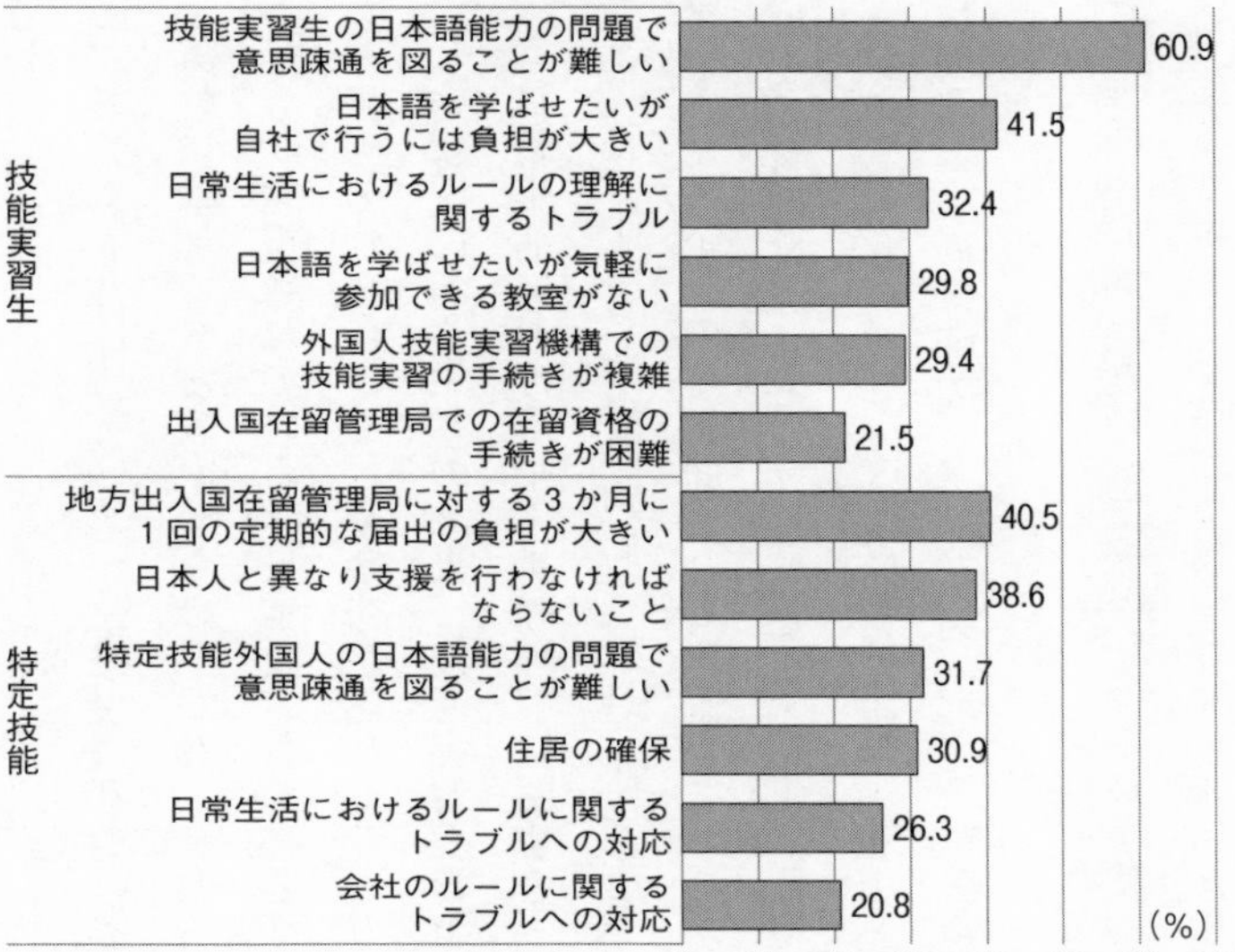

（資料）　出入国在留管理庁「特定技能制度及び技能実習制度に関する意識調査」（2022）
（注）　20％以上の項目を抜粋

表5－10）。次いで「日本語を学ばせたいが自社で行うには負担が大きい」が41・5％で、日本語能力の向上が必要であると感じながらも自社で行うには負担が大きいと感じている。一方で「日本語を学ばせたいが気軽に参加できる教室がない」が29・8％あり、社外で日本語教育を施す適当な施設の不足も問題視されている。日本語教育の必要性が技能実習育成の重要課題であるにもかかわらず、それを自社で行う余裕が乏しく、一方で利用可能な外部の研修施設・研修手段も乏しい状況にある。この結果、技能実習教育の効率性が損なわれている。ルール対応面では「日常生活におけるルールの理解に関するトラブル」の32・4％に対し、「会社のルールに関するトラブルへの対応」は15・1％である。

技能実習において、監理団体が傘下の受入企業の行動面をどう評価しているかもみておく。受入企業の行動に対する満足度を項目別にみると、「技能実習生の生活環境の整備」（84・1％）ほか多くの項目で7～8割が満足としているなか、「技能実習生と地域社会との交流促進意識」（45・2％）、「技能実習生の母国固有の文化や慣習に対する理解度」（53・5％）は満足度が低い。

提携している送出機関に対する監理団体の満足度は、「応募から来日までの手続」が78・8％、「来日前の技能実習生に対するサポートや情報提供」は66・4％と比較的高い一方、「技能実習意欲の高い候補者の紹介」は49・3％、「候補者に対する事前教育や入国前講習の充実度」は50・9％にとどまるなど評価にばらつきがあり、それぞれの受入企業で技能実習を有効に機能させるためには監理団体が質の高い送出機関と提携することが重要であることが見て取れる。

特定技能について受入企業が苦労する点として（複数回答）、「地方出入国在留管理局に対する3か月に1回の定期的な届出の負担が大きい」（40・5％）、「日本人と異なり支援[6]を行わなければならないこと」（38・6％）の2つが多い。以下、「特定技能外国人の日本語能力の問題で意思疎通を図ることが難しい」（31・7％）、「住居の確保」（30・9％）、「日常生活におけるルールに関するトラブルへの対応」（26・3％）、「会社のルールに関するトラブルへの対応」（20・8％）と続く。手続き面の煩雑さと日本語コミュニケーションやルール対応面に問題意識が集約されている。

特定技能は技能実習と異なり、技能教育段階での苦労は少ないものの、仕事の指示を徹底させる段階での日本語コミュニケーションに困難を感じている。特定技能は技能実習に比べ会社のルール面が問題視される割合が高い。企業は特定技能外国人に日本人社員の代替的役割を期待し、日本人に近い業務内容・待遇を想定している。ただ、特定技能は能力的にはむしろ技能実習の延長線上にあり、技能実習生の受入れ経験のない企業が特定技能を日本人社員の代替として活用することを期待するのであれば、その運用に関しギャップが生じる可能性がある。今後特定技能の外国人労働者の活用が浸透、拡大していくためには、企業が特定技能の能力面を正しく把握したうえで、状況に応じコミュニケーション支援等に適切な措置を取る必要があることを認識することが望まれる。

3年または5年の在留期間中の労働力確保を前提とする技能実習と異なり、転職が可能な特定技能では就労期間が不透明なことも問題となる。出入国在留管理庁「技能実習制度及び特定技能制度の在り方に関する有識者会議」資料（2022）によると、特定技能外国人の自己都合による離職者数は、制度施行から2022年11月まで19，899人にのぼり[7]、2022年11月時点の特定技能在留者数（123，687人）対比の離職率は計算上16・1％となるが、2019年4月の運用開始後、同年11月の在留者が1，019人、2020年11月が12，877人、2021年11月が45，970人と急増していること、就職と離職時期にラグが存在することを考えれば実際の離職率はより高いと推測される。人数増の影響で特定技能外国人の正確な離職状況はまだ把握しにくいものの、特定雇用外国人を長期に戦力として期待することは現時点では容易でない。制度設計上、技能実習と特定技能の接続性は強く意識されているが、雇用の継続性という意味では両者に断層があることも企業は認識する必要がある。

⑤ 在留資格変更手続き

在留資格の取得・変更については留学生の就職時に問題が多い。留学生が卒業後日本企業に就職するにあたり就職目的の在留資格変更を行った許可率の推移をみると、90％台前半の年が多いものの、80％前後の年もある（**図表5－11**）。すなわち1～2割程度は在留資格の変更が企業や留学生の目論見通りにできていない。このことは留学生に内定を出しても入社に至らず、企業の人員計画、留学生のキャリア設計に狂いが生じるケースが少なからずあることを示す。

留学生を新たに社員として雇用するにあたっては、「在留資格変更許可申請」を行う必要がある。申請手

図表5－11　留学生からの就職目的の在留資格変更許可率の推移

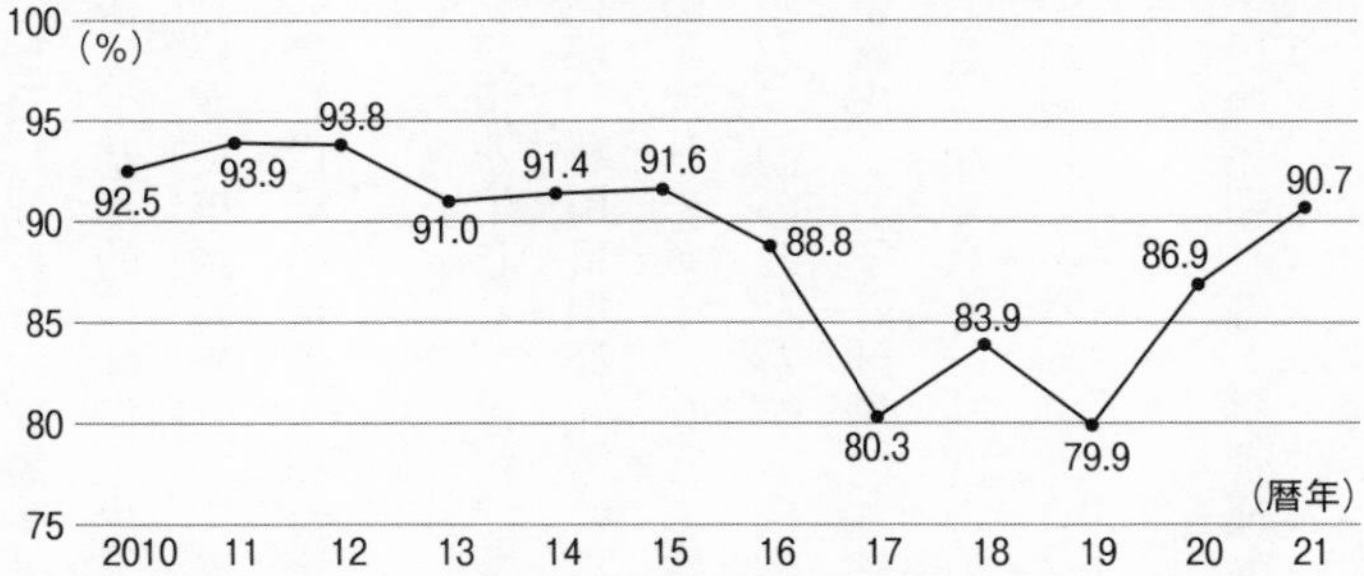

（資料）　出入国在留管理庁「留学生の日本企業等への就職状況について」各年版

続きは本人、受入企業の担当者、もしくは地方出入国在留管理局長に届け出た弁護士又は行政書士が行う。留学生は手続き面に精通していない場合が多く、基本的には受入企業もしくは行政書士経由となる。このほか、受入企業には、在留資格変更申請に先立って雇用契約の締結が必要であるほか、外国人労働者の雇入れ・離職の際にはその氏名、在留資格などについてハローワークへの届出が必要である。

このように外国人労働者受入にあたり企業にはかなりの事務負担が生じる。信頼できる行政書士を確保して手続きを進める場合には問題が生じにくいが、費用負担軽減等のために中小企業自身が事務手続きを行う場合、初めてのケースや数年ぶりのケースなどでは手続きに不慣れで、在留許可の変更に手間取る可能性がある。段取り面のみならず、技術・人文知識・国際業務などでは、満たすべき要件への理解不足に起因する不許可事例も見られる。(8) 前述の通り留学生に在留資格変更の対応を委ねるケースも少なくなく、制度の煩雑さのみに変更許可率が高くない理由を帰することはできないのが現状であろう。

⑥ 職場内のトラブル

職場の人間関係トラブル（いじめ、セクハラ、暴力、人種・民族差別）も人事管理上、解決すべき課題となる。パーソル総合研究所「外国人部下を持つ日本人上司の意識・実態調査」（２０１９）は、人間関係トラブルを日本人から外国人材へのもの、外国人材から日本人へのもの、外国人材同士のものに分けて調査している（**図表5－12**）。日本人から外国人材へのものと外国人材同士のものが多く観察されている。雇用形態別には技能実習生、パート・アルバイト、正社員の順にトラブルが多い。このことからも技能実習生のトラブル管理や回避に向けた手間やコストに関して企業の負担は大きい。

(2) 外国人サイド

① 全般的な課題

外国人材から企業に寄せられる不満について前掲パーソル総合研究所「外国人雇用に関する企業の意識・実態調査」で雇用形態別にみると、正社員、パー

図表5－12　職場の人間関係トラブル（複数回答）

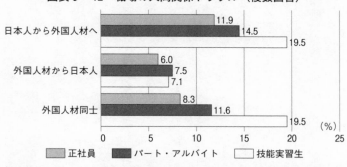

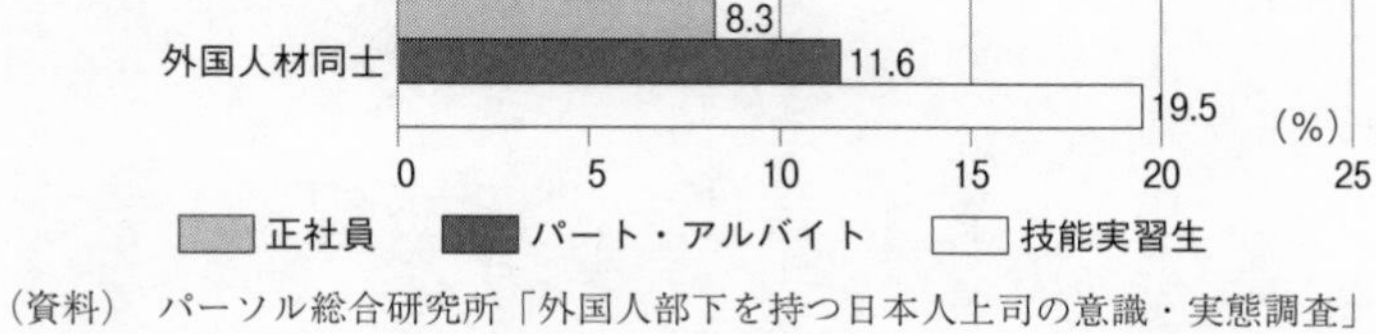

（資料）　パーソル総合研究所「外国人部下を持つ日本人上司の意識・実態調査」(2019)

ト・アルバイト、技能実習生いずれにおいても「業務で使う日本語の難しさ」が最も多く、「暗黙の了解が理解できない」、もしくは「その他のコミュニケーションの困難さ」が2位・3位を占めるなど、コミュニケーションの問題が雇用形態を問わず問題視されている。日本に本拠を置き日本語が基本言語である以上、このことは技能実習生やパート・アルバイトにとどまらず正社員においても、日本語コミュニケーションのフォローが不可欠であることを示す。企業サイドも同様に、日本語コミュニケーションの困難さを問題視しており、企業、外国人労働者共通の課題であるにも関わらずその解消が進んでいないことは、企業と外国人労働者が緊密に協力しながらこの問題に取組んでいくことが望まれると同時に、行政等外部の力も利用して強力な推進体制を構築していくことが必要であることを意味する。

外国人材が入社前に想定していた職場のイメージより実際が悪かったという認識のギャップも不満につながる。前掲パーソル総合研究所「日本で働く外国人材の就業実態・意識調査」[9]によると、入社前に想定していたイメージよりも悪かったこととして、正社員では「昇進・昇格のスピード」20・6%、「住宅や生活全般に関するサポート体制」18・4%が高く、以下「働きやすさ（残業・休日など）」「給料・報酬の高さ」各13・8%となっているなど待遇面が不満につながっている。一方、「上司との人間関係」は8・4%、「職場の同僚との人間関係」は6・6%と、ギャップと感じる程度は比較的低く、人間関係は外国人材にとって不満の主因となりにくい。パート・アルバイトでは「住宅や生活全般に関するサポート体制」18・4%が高い。それ以外では「昇進・昇格のスピード」(13・0%)、「言語に関するサポート体制」(12・6%)、「仕事で与えられる裁量の程度」(12・4%)などが目立つ。「上司との人間関係」は9・6%、「職場の同僚との人間関係」は6・0%で正社員同様、主要なイメージギャップとはなっていない。

ただ、外国人労働者は正社員で特に孤独感を感じる傾向がある。パーソル総合研究所「日本で働く外国人材の就業実態・意識調査」によると、職場で感じている孤独感として「私は、孤立しているように思う」とする割合が正社員で32・6%にのぼり、パート・アルバイトの11・6%を大きく上回る。前述の通り人間関係が比較的良好であるとされる日本企業でも孤独感の解消は容易でなく、正社員を含めた精神的ケアの重要性が示される。なお、同調査では「同僚とのコミュニケーション機会の付与」、「定期的な面談」、「自分の母国語に対応できる指導者の配置」が孤独感を低下させると分析している。

②　技能実習・特定技能における課題

前掲出入国在留管理庁「特定技能制度及び技能実習制度に関する意識調査」(2022)

によると、技能実習生が日本に在留している中で困ったことは、日本語能力に関することが多い。「日本語能力が十分でないため、自分の考えや意見を伝えられなかった」は47・0％にのぼり、「日本語能力が十分でないため、実習先の指導や助言が理解できなかった」も23・3％であった（**図表5－13**）。一方、「仕事に必要な知

図表５－13　日本に在留している中で困ったこと
（技能実習、特定技能、複数回答）

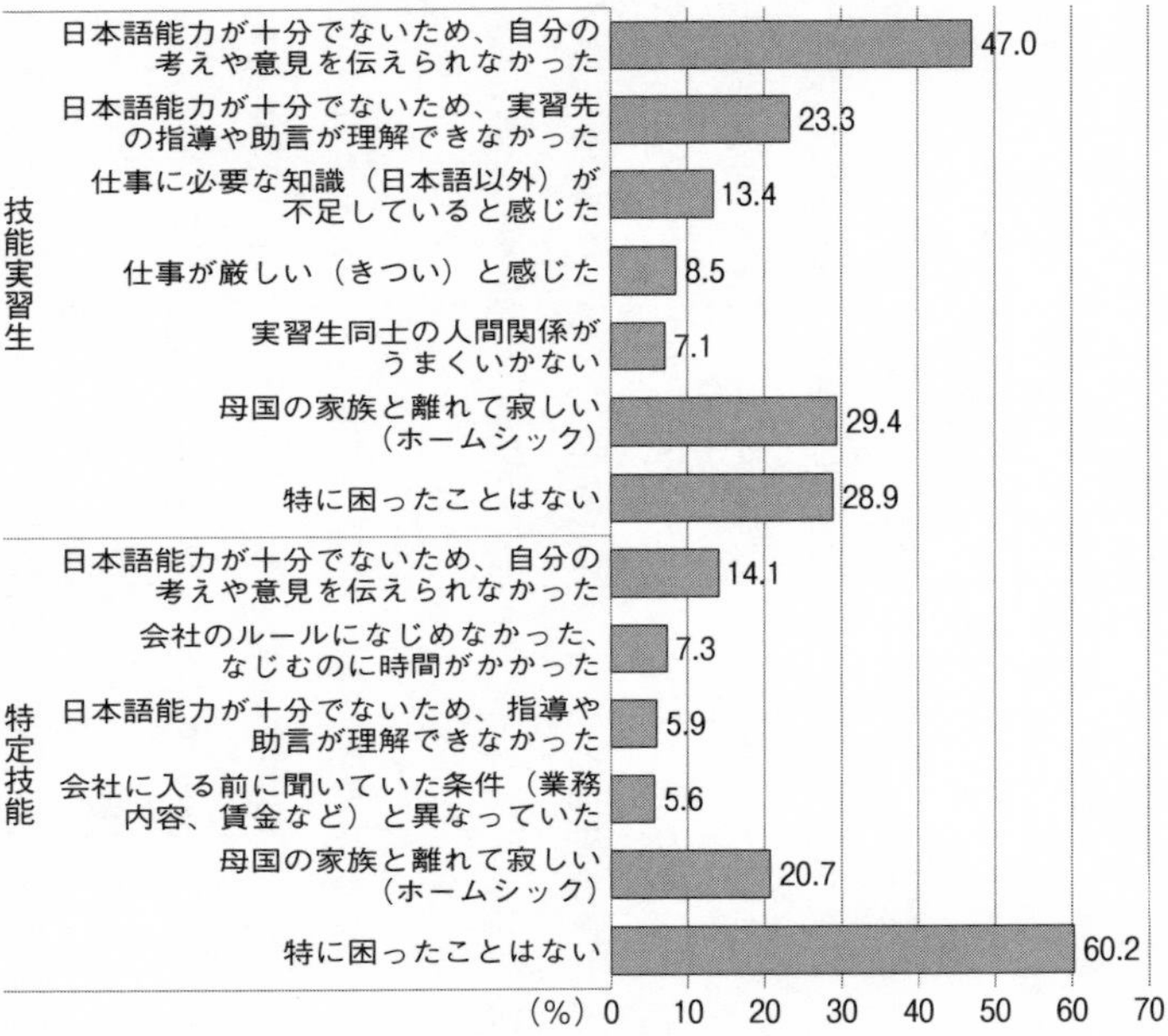

（資料）　出入国在留管理庁「特定技能制度及び技能実習制度に関する意識調査」（2022）

識（日本語以外）が不足していると感じた」は13・4%で、業務理解の障害は基礎知識の不足より日本語能力の不足にあるといえる。待遇・環境面では「仕事が厳しい（きつい）と感じた」が8・5%、「実習生同士の人間関係がうまくいかない」7・1%など挙げる割合は限定的である。また、「母国の家族と離れて寂しい（ホームシック）は29・4%で、祖国を離れて暮らす実習生への精神的ケアの必要性は高い。「特に困ったことはない」は28・9%である。

特定技能外国人については、「特に困ったことはない」が60・2%と最も多く、技能実習に比べ問題点は少ない。「日本語能力が十分でないため、自分の考えや意見を伝えられなかった」が14・1%で最も割合が高い。技能実習生の3分の1に満たず、限定的な数値ではあるが、企業サイドの見方と同様に特定技能でも日本語能力は課題となっている。「母国の家族と離れて寂しい（ホームシック）」は20・7%で、技能実習からの転換が多く3年以上の在留経験があるとみられる特定技能外国人でも精神的ケアは重要である。

注

（1）　日本政策金融公庫「中小企業における外国人労働者の役割」（2018）でも最近5年間の売上

高を外国人雇用企業と非雇用企業と比較すると、「増加傾向」の割合は前者が49・1％、後者が27・1％で、最近5年間の採算は改善傾向がそれぞれ43・2％、27・2％であった。

（2） 海外進出による新たな市場開拓を図る場合や、業容拡大を目指し日本人以外の労働力の増強を図った結果売上が増える場合など。

（3） 居心地の良さに繋がる要素として「社員を家族のように大切にする」もあるが22・6％にとどまる。企業や事業所の規模が大きい場合実現が容易でない場合も多いためと考えられる。

（4） 日本学生支援機構「令和3年度 私費外国人留学生生活実態調査」（2022）によると、高等教育機関に在籍する留学生の就職にあたっての不安として挙げる割合が最も高い項目は「職場で良い人間関係を作れるかどうか」（48・0％）で、2番目は「自分の日本語が通じるかどうか」（45・7％）、3番目は「希望する仕事につけるかどうか」（38・6％）である。このことと図表5－5の結果を考えあわせると日本企業では職場の日本人が親切であることは不安の払拭をもたらすと考えられる。また、仕事にやりがいを感じていることは留学生がある程度希望する仕事に就けていることを示すといえよう。

（5） 監理団体では「職種・作業の区分けが細かい」（68・2％）、「従事させる業務の計画が硬直的である」（75・7％）、「技能検定等の内容と現場の業務が合致していないものがある」（70・8％）を問題視する度合いが強い。

（6） 特定技能1号の外国人従業員に対しては省令で定められた10項目について、職業生活上、日常生活上又は社会生活上の支援の実施に関する計画を作成し、当該計画に基づき支援を行わなければならない。詳しくは第2章を参照。

（7）自己都合による退職の内訳は、帰国31・4％、特定技能での転職30・3％が多い。別の在留資格へ変更は15・1％。
（8）出入国在留管理庁HPでは、日本の大学を卒業した留学生の「技術・人文知識・国際業務」ビザへの変更不許可事例を公表している。そのなかには「技術・人文知識・国際業務」で申請があったにもかかわらず、実際の業務は現場作業で「技術・人文知識・国際業務」への該当性が認められなかったケースが含まれる。
（9）「イメージよりかなり悪い〜イメージよりかなり良い」の5段階尺度で調査しており、そのうち「イメージよりかなり悪い」「イメージより悪い」の合計割合。

第6章　事例紹介

以下では、外国人材を実際に活用している中小企業を中心に、どのような採用方針、或いは育成、活用方針を採用して成果を挙げているかの実例を紹介する。事例は筆者が参画した共同研究論文である堀・弘中・中原・侯贇・江口・中谷（2023）「中小企業の外国人活用～外国人材側のニーズを踏まえた採用・育成・定着への取り組み～」[1]掲載事例の一部を加筆修正したものである。

事例1　大和合金　株式会社
～独自の採用方法と家族的な社風で人材のダイバーシティを実現

事業概要

1941年創業。特殊銅合金の専門メーカーとして一貫生産体制を確立している。半導体、自動車、エネルギー、航空機、海底ケーブルなど多様な需要に対応している多品種少量生産である。近年では航空・宇宙関連やエネルギー（核融合）等の海外需要の獲得に積極的に展開中である。

外国人雇用の経緯と雇用状況

当社が注力する航空・宇宙分野やエネルギー関連分野は、海外の需要発掘と現地でのフォローが重要であることから外国人社員の活用を図った。外国人材は正社員として受入れ、外国人社員は現在7ヵ国計12人が在籍している。

採用方法

当社への入社については1週間のインターンシップ経験を必須としている。これは入社後当社で行う業務（特に銅合金の製造現場）を事前に知ってもらい、納得のうえ入社して欲しいからである。インターンシップに要する社員の負担は大きいが、採用上のメリットも大きいと感じている。

当社は自社の強みを「素朴さとチームワーク」であると捉えており、高齢者・中年・若年という年齢的な広がりと、多国籍のダイバーシティから生じる多様な個性にチームワークの組み合わせにより自社の成果が生じていると考えている。チームワークが機能するためには社員の素直さ・素朴さが根本にあるとし、頑固である・シャイであるといった性格は許容しつつも、素直さ・素朴さを持った人の集まりであることを強く求めている。その意味で選考に際し高い日本語能力は要求するものの、専門知識はそれほど求めない。この観点から「性格が素直」で「日本に興味を持ち」「日本語能力が高い」人材を獲得したいと考えている。

このためインターンシップの募集は、JETプログラム[2]経験者や大学、現役・OB外国人社員の紹介経由等である。自社サイトを通じた直接募集やハローワーク経由の募集は行わない。このことで希望に沿った人材を選抜出来ている。実際、当社の家族的な雰囲気に引かれて入社する外国人も多い。

海外人材の成長と活躍

外国人社員の人事配置は、基本的に経営の判断を優先させている。そのため、当社の特殊銅合金製造、海外営業、品質管理、生産現場、英語での規則や文書作成など多様な分野で外国人社員が活躍している。

ただ、外国人社員は能力が高く問題意識も旺盛なため、各自の主体的な問題意識により業務が変わることもケースバイケースで許容している。高度な日本語運用能力を評価されて入社し翻訳・通訳業務に携わっていた外国人正社員が、その後本人の希望で生産管理業務に転じ、システム化を通じた生産管理の効率化に貢献した。この外国人社員は生産管理プロセスの自動化に関するマクロ作成の技能等を独学で身に着け自動化に結び付けるなど顕著な自発性・積極性を発揮した。

ダイバーシティと家族的雰囲気

当社で特筆すべきことは国籍に限らない人材のダイバーシティ追求と家族的雰囲気が、外国人材の旺盛な応募と入社後の活躍に繋がっていることである。年齢的な幅でいえば10代から80代までのほぼ3世代にわたる社員が活躍し、外国人社員、女性社員とともに人材の多様性をもたらしている。家族的雰囲気という点では、当社は現役社員の子供、兄弟、夫婦、友達（外国人同士の友人関係を含む）といった関係から当社を希望し入社した社員を数多く擁する。これは身近な人から当社の雰囲気に魅力を感じ入社する人材が多いことを物語っている。当社の現役外国人社員も社内の雰囲気の良さ、同僚の親切さを評価する声が多い。

事例2　有限会社　川田製作所
～発表機会の提供と動画作成により技能実習生の語学・技能向上を実現

事業概要

主に機械産業向けに大ロットから小ロットまでの金属プレス加工需要に対応している。多品種小ロットの需要が中心である。

外国人雇用の経緯と雇用状況

２０１４年に事業譲渡を受け事業規模が拡大したため、技能実習生の受け入れと外国人パートの採用に踏み切った。当社は従業員20名であるが、技能実習生２名、正社員１名、技能実習生から移行した特定技能1名が在籍。

採用と育成

現役の正社員は、もともと外国人パート社員の紹介で入社したパート採用であったが、仕事ぶりが真面目なので正社員に昇格させた。知的障害のある雇用者の指導等で力を発揮しているほか、技能実習生とも良好な関係を構築し、実習生が職場に溶け込みやすい雰囲気づくりに貢献している。２０１４年から受入れている技能実習生は現在4期目で、ベトナム人女性を毎期2名ずつ受入れている。社長が外部から監理団体と現地送出機関を紹介してもらい受入れに至った。技能実習生はプレス加工の工程のなかで比較的高度な順送りなどの部門を代々担当している。技能実習生の教育については、日本人社員が新任実習生を教える形が中心ではなく、前任者が後任に引き継ぐ形が定着している。

発表・コミュニケーション機会の提供

当社は社員全員が持ち回りで専門・得意分野を解説する「みんな塾」という研修を毎週実施しており、技能実習生を含む外国人社員は日本人社員と同条件(3)で発表を行っている。7週に1度のローテーションで、外国人社員にとってはパワーポイントによる動画資料の作成、日本語での口頭発表、及び自身の仕事手順の整理のための良い機会となっている。

また、当社は5S⑷を推進する小集団活動を行っており、技能実習生を含めた外国人社員がグループリーダーとして活動をまとめることもある。なお、コミュニケーション機会は業務時間内にとどまらない。当社では希望者を募って休日の小旅行などレクリエーション機会も提供している。

動画作成による作業手順可視化

前任と新任の技能実習生の作業引継ぎには動画という媒体が大きな役割を果たしている。ベトナム人同士の引継ぎであるため、動画はベトナム語で作成している。音声で説明し、画像で作業を可視化できるため、文字と図で作成するマニュアルよりもわかりやすい一方で作成負担を抑えることができる。通常であれば技能実習の日程に対面での引継ぎ期間を確保しているが、コロナ禍でそれができなかった時期には帰国する技能実習生が作成した動画により、新任実習生が速やかに仕事を覚えることができ、周囲の教育負担が軽減できた。

事例3　株式会社　木村工業
～充実した研修を周囲のフォローで外国人社員もクリア

事業概要

水道事業に特化した建設業者で、元請けと施工の両方を実施するワンストップ型の体制を構築している。地域密着型で事業を展開。

外国人の雇用状況

現在正社員4名、技能実習生4名の計8名の外国人社員が在籍。国籍はベトナム、ネパール、モンゴルで、技能実習生はベトナム人。正社員は総務と作業現場に配置し、うち総務のベトナム人社員は日常の総務業務をこなすほか、技能実習生の職場における日常コミュニケーションのサポートも行っている。

建設業界では異例の充実した研修体制

当社は、現社長の経営現場の経験に鑑み「社員の働きやすい環境を構築する」ことを重視し、そのための方策として人材教育に力を入れている。建設業界の現場技能習得は先輩社員のやり方を「見て覚える」形が中心で1人前になるのに4年かかるといわれ、育てる側も育てられる側も負荷が大きい。当社では年間延べ299時間にわたるシステマチックかつ精緻な研修プログラムを自前で作り上げ[5]、1年で1人前になれる人材育成を目指している。事務系社員や外国人社員を含めた新入社員全員に受講させている。体系的な技能の早期獲得と事故リスク低減に効果を発揮している。

研修は業務終了後に行われるため、新入社員の負担は軽くない。特に外国人にとっては研修の全てが日本語で行われるため、技能実習生の負担は大きいと思われる。この点ではベトナム人総務部員（正社員）が教材の翻訳作業やフォローによって研修内容消化が可能となっている。日本人の総務部員も外国人社員に頻繁に声掛けし話をすることに努めており、精神的負担の軽減に努めている。

会議・研修を通じた日本語力向上

社内での日本語教育に関しては、社内のコミュニケーション不足を補うべく社長が定着化させた各種の小会議や全体研修の場が機能している。前述の「仕事は見て覚える」という業界常識のもとでは社内のコミュニケーションが限られ、経営者も社員も考えのすれ違いが生じがちになる。現社長は経営を引き継いだ後、このことを憂慮して、外部機関からアドバイスを受け、社内で大小の話し合いの場と発言機会を提供することを心掛けた。具体的には、朝礼や小会議の場を頻繁に設けるほか、年2回全員参加の「決起大会」を開催し、各自の目標設定の場としている。これらは技能実習生を含む外国人社員も日本人社員と同様に参加するもので、日本語でのインプット、アウトプットの場が豊富になるよう配慮している。

事例4　東京外国人雇用サービスセンター
～外国人社員採用のための募集企業の留意点

事業概要と就職支援事業の実際

外国人留学生や専門的・技術的分野の在留資格を所持して仕事を探している外国人の就労支援を行う厚生労働省の機関。東京のほか、名古屋、大阪、福岡に拠点を持つ。高度外国人材向けに全国のハローワークに登録されている求人票の「資格」「経験」「仕事内容」欄にあるキーワードを利用し、求人情報を検索・提供している。

センター主催の合同の就職面接会を6月、10月、1月の年3回、インターンシップの斡旋を年2回、及び個社のミニ面接会を随時、当センターへの登録企業及び登録外国人対象に実施している。インターンシップは就職希望者が十分に企業を理解し職場を体験できるよう実施期間を5日間以上確保することを条件としている。当センターでは在留資格アドバイザーを配置して求職者・求人者双方から相談を受け付けている。

就職支援の現場からみた外国人採用における問題点

就職面接会は企業の入れ替わりが多く毎年半数以上が入れ替わる。インターンシップを実施する企業は比較的固定している。在留資格の変更は企業にとって負担が大きく、採用面での難所の一つである。当センターでは在留資格アドバイザーを設置しているが、制度上事務の代行はできないことからフォローには限度がある。企業が初めて独力で事務手続きを遂行する場合には相応の試行錯誤を強いられるものの、外国人採用を1回経験した企業であれば、2回目以降は概ね遅滞なく手続きを遂行できているようにみている。

問題点としては、企業側の問題として日本人と横一線の採用試験で外国人応募者の負担が大きいこと、条件面で日本語能力試験のN1資格に拘る傾向があり優秀な人材の採用機会を逸していることが挙げられる。

外国人側の問題として、企業側が指定した採用条件以外への応募が多くミスマッチが発生しやすいことがある。(6) また、当センターのような支援機関の存在を知らず企業情報の収集で苦労する外国人が地方を中心に多いことがある。

事例5　A大学
～大学就職支援課からみた留学生就職の現状と問題点

概要

4学部を擁する私立大学。留学生は経営学部が大半を占め、同学部で現在77名が在籍。

大学の留学生就職支援

就職支援課では3年次に全留学生に個人面談を課し、就職ガイダンスでは日本の就職慣行や在留資格の手続きについて説明している。また、面接練習、エントリーシートの作成サポートも行っている。

地元金融機関取引先企業の採用説明会、インターンシップ参加希望者のマッチングや、業に対しては採用枠の有無を確認している。

後述の通り毎年外国人を採用する企業はほとんどないが、本学卒業の留学生の採用実績企

留学生の就職状況と問題点

3年生時点で留学生の8割が国内企業への就職を希望するなど、日本での就職志向が強い。国内就職する留学生の大半は県内中小企業に就職し、製造業の割合が高い。就職後の仕事は日本語能力を活かして総務、営業などの従事する場合が多い。

毎年のように留学生を採用する中小企業はほとんどなく、基本的に新卒募集で「留学生可」とする場合がほとんどである。「応募者のなかで優秀な人材がたまたま外国人だったので採用した」というケースは規模の大きめの企業でみられる。企業（特に初めて留学生を採用する企業）は、内定者の在留資格の変更がうまくいくかどうかを気にしている。実際、在留資格変更のスケジュール感や費用について認識している企業は多いとはいえず、内定した留学生との間で負担の分担について明確に決まっていない場合も散見される。

留学生は過去の留学生採用実績の有無を気にする傾向がある。内定が出ても就職に至らないケースが2割程度あることが背景と考えられる。これは在留資格の変更が許可されな

い場合と、在留資格変更が入社に間に合わない場合の2つである。前者は実際の業務が技術・人文知識・国際業務の在留資格の要件を満たさず不許可になる場合であり、後者は在留資格変更手続きの知識不足により手続きが遅延する場合である。このような理由から留学生は初めて外国人を採用する企業を避ける傾向があり、また1人が応募すると他も追随して同じ企業に応募する傾向があり、限られた企業に志望が集中しがちである。

注

(1) 堀潔・弘中史子・中原寛子・侯贇・江口政宏・中谷京子（2023）「中小企業の外国人活用～外国人材側のニーズを踏まえた採用・育成・定着への取り組み～」『商工金融』第73巻（第6号）、pp4－89、商工総合研究所。

(2) The Japan Exchange and Teaching Program の略。外国青年を招致して地方自治体等で任用し、外国語教育の充実と地域の国際交流の推進を図る事業。

(3) 発表内容は仕事に関するもの以外に自国文化の紹介なども許容している。

(4) 整理、整頓、清掃、清潔、しつけのSから始まる5つの言葉の総称で、職場環境の改善や維持に必要な要素とされる。

(5) 技能教育の研修プログラム化は暗黙知的な技能を形式知化することであり、プログラムの内容作りに携わる熟練技能者の雇用は当社が保証したうえで実施した。

（6）留学生が技術・人文知識・国際業務への切り替えを前提に応募する場合、大学等における専攻と応募する仕事の内容が整合している必要があるが、そうでない応募がみられる。

第7章 まとめ～本書の要約と外国人雇用のポイント

第7章はこれまでこれまで論じてきた内容を要約し、そのうえで、採用、育成、定着面で日本人の雇用とは異なる対応を求められる外国人雇用で、重要だがウィークポイントとなりやすいポイントについて企業及び外国人の視点から考える。

企業の採用面については日本人の採用とはやり方が異なることでハードルの高さを感じ、実施に踏み切れない企業を後押しするために必要なこと、限られた経営資源のなかで効率的に採用を進めるために何が必要かを考える。そのうえで育成、定着面で留意すべき点について述べる。特に日本語コミュニケーションの問題は、日本企業に就職する外国人の視点でも企業の視点でも広範に意識され、キャリアへの考え方や文化的背景のギャップも存在する。こうした問題を解消する有効策について考える。

本編第1章～第5章の内容、前章で紹介した事例及び、著者が参画した共同研究論文から得られる示唆を踏まえ、具体的な視点から論じる。

1 要約

第1章では、企業が外国人雇用を拡大する必要がある背景を経済データを基に示した。日本の労働力人口がピークアウトから減少に向かい、特に労働力の供給源である若年層人口の減少が顕著である。一方で日本に在留する外国人の数は2022年に300万人を超え、国内労働力の供給源として期待されている。日本では企業、なかでも中小企業の人手不足は深刻で、中小企業の欠員数はコロナ前の2019年で80万人を上回ると試算される。

日本で働く外国人雇用者数は2022年で約180万人にのぼる。内訳は在留資格別では身分に基づく在留資格、技能実習、専門的・技術的分野、留学（アルバイト）の4資格が多い。身分に基づく在留資格は高度人材から非正規雇用まで多様な雇用形態を包含する。時系列的には2010年代前半は技能実習が増え、同後半以降は技術・人文知識・国際業務の伸びが目立つ。2020年からは特定技能が増加している。

フロー面からみると、専門的・技術的分野は国内の高等教育を修了した留学生と海外からの就職希望者の流入が主な供給源である。最近増加している特定技能は技能実習から移行する場合が大半を占める。留学生はコロナ禍前で年に約10万人が新規に入国し、卒業・修了者のうち約3万人が日本企業に就職する。

外国人を雇用する事業所は30人未満で約4％、30〜99人で2割弱、100人以上で約6割にのぼり、大企業で外国人雇用は珍しくないが、中小企業では一部にとどまる。

第2章では主な在留資格のあらましと従事する業務内容を説明した。**専門的・技術的分野**の在留資格の大半を占める技術・人文知識・国際業務は、企業の正社員・中核人材の役割を担うもので、大学卒業またはこれと同等以上の教育を受けていること、専攻と業務内容が整合していることを条件とする。実際の職務内容は翻訳・通訳や海外取引業務等国際化要員の割合が比較的高いが、大半を占めるほどではなく、ゼネラリストとして活躍する人材も多い。**技能実習**制度は、現行では1号（1年目）、2号（2〜3年目）、3号（4〜5年目）に分かれる。2号までで実習を終了し、帰国または特定技能に移行するケースが多い。対象職種・作業域は定められており、それ以外で実習生を受け入れることはできない。産業別には製造業が約半分を占め、約2割の建設業とともに技能実習において中心的な存在となっている。技能実習制度は現在、人材の確保と育成を図る新たな制度への転換が検討されている。新たな制度では特定技能との接続性も強化が図られる。**資格外活動**は週28時間以内に限りアルバイトとしての就労が許可されるもので、「留学」の在留資格を持つ留学生のアルバイト活動が典型である。飲食業の接客やコンビニ店員が中心である。**特定技能**は、一定の専門性・技能を有し、即戦力となる外国人を受け入れる制度で、在留期間の上限5年の特定技能1号と在留期間の上限がない2号とに分かれる。特定技能が付与される分野とその細目である業務区分は定められている。技能実習との接続を意識した制度設計であるが、現状では対象職種・作業域と一致しないものもある。特定技能は技能実習と異なり、同一の業務区分内であれば転職が可能である。制度の運用開始は2019年4月で今後の増加が見込まれる。**身分に基づく在留資格**（永住者、日本人の配偶者等、永住者の配偶者等、定住者）は就く職業、兼業、転職、就業時間等に関しては日本人と同様で、企業への就職に制限はない。

第3章では外国人労働者の日本語能力とモチベーション・待遇をみた。日本語能力の「聞く・話す」能力については永住者で最も高く、技術・人文知識・国際業務と留学がこれに続く。技能実習は日常会話レベルが多く前3者とは差がある。「読む」能力については、技術・人文知識・国際業務と留学で能力が高く、永住者と同等もしくはそれ以上である。ここでも技能実習の読む能力はやや水準が低い。企業が求める日本語能力は日本語能力試験N3以上が多い。留学生は卒業時に大半がN1ないしN2レベルに到達している。

留学生は、文科系では社会科学や人文科学を、理科系では工学を主なバックグラウンドとしているが、人数的には文科系が多く、事務職の割合が高い。特定技能は製造業が半数を占め、農業、介護、建設が各1割程度である。日本での滞在期間については技術・人文知識・国際業務、技能実習、定住者とも長期の在留を希望しているが、同一企業での勤務継続志向はそれほど強くない。

日本で働く動機については技術・人文知識・国際業務はキャリア形成、技能実習は収入目的が多いが、「日本が好き」という理由を挙げる場合も在留資格を問わず一定割合で存在する。生活環境や文化に魅力を感じる場合が多い。

外国人労働者の給与水準は高い順に、身分系或いは就労系の在留資格を持つ正社員、同非正社員、特定技能、留学生アルバイト、技能実習生の順となる。身分系或いは就労系資格の正社員は同じ待遇の日本人と大きな違いはないが、非正社員では日本人の平均水準より低い。また、特定技能は日本人の非正規よりやや水準が低い。

第4章では外国人採用形式・手段と育成方法をみた。採用については正社員・高度人材ではウェブサイト、官民の人材紹介サービス機関、教育機関からの紹介など多様な手段が用いられるが、既存従業員からの紹介というインフォーマルな手段も重要である。外国人留学生の情報源は対面、オンライン、インターネットを含め外国人向けに拘らず日本人向け情報提供手段も含め幅広く情報を収集する姿勢がみられるが、留学生向け情報に対する注目度は特に高い。また、同じ出身国の社員の採用実績や在籍者数への関心が高い。外国人留学生に求める資質は文系・理系問わずコミュニケーション能力と日本語能力を挙げる割合が高い。なお、日本語能力は入社後の一層の伸長が期待されている。留学生が日本企業に就職するにあたっては、在留資格を留学生から就労系の在留資格に変更する必要があるが、変更手続きへのサポートを行う企業と行わない企業とに対応は二極化している。

育成について正社員・高度人材向けの対応をみると、ビジネスマナー研修や定期的な面談、社内コミュニケーション機会の創設など、現場で必要なスキルの強化が中心である。技能実習生向けは日本語能力及び仕事のスキル向上を中心に、正社員以上に手厚い研修体制を敷くことが多い。パート・アルバイト向けは正社員や技能実習に比べ研修体制は簡素である。

定着への取組みは、福利厚生面以外では、正社員・高度人材で評価や人事配置面が意識されている。技能実習は育成同様、他に比べフォローの度合いが最も強く、パート・アルバイトは少ない。正社員・高度人材の定着状況については、日本人との比較において日本人より頻繁に転職するという見方が成り立つとはいえない。

第5章は外国人雇用のメリットと問題点をみた。企業・従業員が外国人雇用に感じるメリットとして、異文化・多様性への理解が進むことと、日本人社員への刺激・社内活性化を挙げる割合が高く、国際化の直接的な効果を上回る。外国人労働者の活躍度合いについても肯定的な見方が多い。ただ、日本本社で中核的な役割を担う外国人はまだ少ない。業績との比較では、外国人社員がいる企業の方がいない企業より増収企業の割合が高い。

外国人社員が日本企業に勤めるうえで感じるメリットとしては、上司や同僚の親切さを挙げる割合が高く、居心地の良さがプラス材料となっている。このほかに仕事そのものへの満足度が高いこと、個性や能力を活かせる職場配置が評価されることが目立ち、日本企業が能力と適性を見極めたうえで多様な業務経験を積む機会に恵まれていることを示す。一方、外国人社員の言語面での問題や、宗教・文化への理解、報酬の評価基準、キャリアパスの明示などに関しては満足度が高いとはいえない。

また、外国人雇用における問題点では企業サイドからみた問題点について、外国人の採用に踏み切れない企業で、雇用管理の煩雑さとトラブルへの懸念が挙げられている。採用面の課題としては、企業側の課題として能力判定の困難さや応募数の少なさ、募集コストの負担、社内の受け入れ体制などが挙げられている。外国人を採用する頻度や人数が限られるなか、適材を効率的に選抜・採用することが容易でない。外国人社員活用の課題として、高度人材では社内での日本語コミュニケーション能力の不足を挙げる割合が最も高く、日本語能力の高い高度人材でもコミュニケーションに問題が残ることがわかる。次いで価値観や考え方の違いによるトラブルや、外国人活用の現場でのノウハウ不足などが問題となっている。制度上の問題点としては、資格変更手続きの負担感や採用と教育（日本語）のコスト負担の重さが挙げられている。技能実習と特定技能では、企業の実習生・特定技能の活用ニーズと現行制度の枠組みの間に隔たりがあることが指摘されている。また、技能実習・特定技能では、いずれも日本語コミュニケーションが十分に図れないことが問題視されている。留学生の就職時の在留資格変更手続きについては毎年1～2割の不許可事案が発生する。手続き面の不備による場合が多く、企業、留学生双方にとって問題視されている。手続きの当事者は企業、留学生本人、もしくは委託を受けた行政書士であるが実務に精通しない企業や、外国人本人が専ら関与することで手続きに正確性を期せない場合がある。

外国人サイドが感じる問題点でも日本語の難しさを挙げる割合が最も高い。入社前の想定イメージより悪いことは、正社員では昇進・報酬などである。対上司・同僚あるいは外国人労働者間など人間関係のギャップは小さいが、孤独感を感じる度合いは正社員で強く、精神面のケアは重要である。

2 外国人雇用のポイント

以下では、これまで述べてきたことに加え、筆者が参画した共同研究論文である堀・弘中・中原・侯・江口・中谷（2023）[1]の研究成果から得られた知見を交え、中小企業の外国人雇用のポイントを述べる。以下では本書に関連する言及は「本編」、共同研究論文に関するものは「堀他」と記載している。また、文中で示す企業・団体の「事例」は第6章で示したものである。

（1）採用のポイント

採用の巧拙はすべての雇用形態でその成否を左右するが、なかでも当事者が企業そのものので採用・活用のやり方が企業の裁量に委ねられる一方、採用された者がある程度の期間在籍することが前提となる正社員の場合特にあてはまる。以下では主に正社員の採用について述べる。

本編第1章で述べた通り、日本の中小企業で正社員として外国人を採用することはまだ一般的とはいえない。従業員50人以下の中小企業では新卒採用よりも中途採用が中心であること[2]を考え合わせると、外国人を毎年のように採用する中小企業は一層稀であろう。一定人数の受入れが前提の技能実習生と異なり、中小企業の外国人採用は不定期かつ1～2名程度となる。ただ、情報提供や選考プロセスを日本人と同一にしたままでは採用面で成果が得にくいのが実情である（**本編第4章**）。

一方で、例えば留学生向けに特化した情報発信を行うことは、応募動機を高めることに役立つことが示されており（**本編第4章**）、優秀な人材に巡り合う機会を増大させる。このことは堀他第4章でも示されている。但しその準備に要する事務的・金銭的負担は軽いとはいえず、中小企業における採用人数・頻度の少なさに比べると費用対効果の点で難がある。少人数・非定期の外国人採用を、限られたコストのなかで如何に効率的に行うかがまずポイントとなる。この点において**大和合金の事例**では、ＪＥＴプログラム参加者を中心とする募集形態を確立することで、優秀な外国人を効率的に採用することに成功している。

外国人の採用頻度が低い企業にとっては、在留資格変更への対応がもう一つのポイントとなる。**本編第5章**で述べた、留学生から就労系の在留資格への切り替えに際し1〜2割の失敗が存在するという事実は、初めて在留資格変更を経験する留学生にその責任を帰すべき問題ではなく、採用企業側の準備不足、知識不足によるところが大きい（**A大学の事例**）。一方で採用企業側の当事者となる人事・総務担当者が他業務との兼務の場合、[3]大きな負担がかかることになり、当事者の手に負えない場合も生じがちになる。

外国人を採用する段階においては、情報提供や選考、在留資格変更など、固有の事務的・金銭的な負担が避け難く発生し、担当者の経験が浅い場合には負担感が重いことを企業が認識することが出発点となる。そのうえでその負担を軽減する手立てを用意しなければならない。そのための現実的な方策は、事務的な負担に関して自社で行うことに拘らず、外部機関を積極的に活用することであろう。

採用段階での外部手段利用は、川上部分の外国人留学生にアピールできるような企業情報の提供と募集ツールの整備、及び川下部分の内定後の在留資格変更手続き（制度上、行政書士への委任となる）がこれに当てはまる。留学生向けの企業説明会は、官民の就職支援機関のほか、留学生を一定数抱える大学等の就職課でも積極的に実施している（**A大学の事例**）。企業がこれらの機関との関係性を構築することは負担の低減につながろう。また、外国人留学生のＳＮＳへの使用頻度が高いことから（**本編第3章**）、ＳＮＳを使った情報発信・採用活動も選択肢となる。

ただ、外部機関の利用に関しては、ニーズ毎に利用する外部機関が異なることが問題である。複数の機関を利用することでは、それぞれのニーズについてどこを利用するのかという選択に悩む難点があり、目的別に異なる機関を利用することで金銭的負担がかさむ難点が生じる。サービス提供側の対応として、募集から入社までワンストップでサービスの提供に関与（在留資格変更のような提供に資格が必要なサービスは専門業者を紹介）できるような機関を手軽に利用できるようになることが望ましい。

総合的な外国人雇用支援サービスを提供する民間機関も現れてきているが、その普及には地理的な利用格差の縮小と価格の低減が望まれる。地理的な問題については、サービスを提供する外部機関は外国人雇用企業、外国人労働者の分布に比例して都市部に集中し、地方企業・地方在住の外国人求職者からのアクセスが難しい（**東京外国人雇用サービスセンターの事例**）。公共・民間の採用支援サービスが地方企業の採用ニーズ、地方在住留学生や就職希望者の就職ニーズに応えられるものになっていくための体制整備が強く望まれる。後者の価格面については外国人採用が少人数・低頻度の中小企業でも利用可能な価格体系となることが望ましい。中小企業を中心に外国人採用ニーズが拡大することが価格低下の誘因となろうが、サービス提供業者サイドが価格面やメニュー面でサービスの使い勝手を良くする努力も望まれる。

採用における日本語能力の扱いについては、**本編第５章**でみた通り活用上の問題点としても日本語能力を挙げる割合が企業、外国人ともに高い。このため企業が採用段階で日本語能力試験Ｎ１の条件に拘る傾向があるが（**東京外国人雇用サービスセンターの事例**）、**本編第３章・第５章**で述べたようにＮ１でも微妙なコミュニケーションにおける困難は解消しきれない一方、入社後の日本語能力の伸長も重要である。選考時点の日本語能力の完成度に拘らず、仕事の現場での日本語能力の「伸びしろ」の大きさも考慮した採用が望まれる。この点で選考サイドの評価能力が重要であることはいうまでもないが、担当者の努力と支援機関のサポートの両方が必要だろう。また、技術系社員については社外の人との日本語コミュニケーションの機会は限られる一方、その基本的な能力が高いため、専門的分野の能力を優先して先行することが望ましい（堀他第5章）。

(2) 育成と活用上のポイント

① 日本語能力不足と価値観の相違を埋める工夫

本編第5章で触れたように外国人社員（留学生）活用上の問題で一番多いのは、日本語コミュニケーションの問題、次いで価値観の違い等に起因するトラブルである。企業サイドも外国人サイドもこの問題点への認識が高い点で共通している。

外国人材の日本語能力の問題に関しては、正社員・高度人材レベルは**本編第3章**で述べた通り、日本語能力試験N2以上のレベルで基本的なコミュニケーション能力を身に着けている。それでも日本語コミュニケーションが問題とされるのは、ビジネス現場での高度な日本語や、仕事上の会話での微妙なニュアンスのやりとりに課題が残るためと理解される。このレベルでは座学教室での日本語教育より、職場内・職場外での日本語コミュニケーションを通じた能力向上が中心手段となろう。外国人社員の定着・戦力化に実績のある企業の事例（**川田製作所の事例**）では業務研修等を通じ、日本語のインプットの機会を設けるとともに、外国人社員に発表等アウトプットの場を提供しており、職場での日本語能力向上に効果を挙げている。これらのインプット・アウトプット機会は日本人社員と同条件で実施している。日本語能力不足によるインプット・アウトプットの拙さは周囲がフォローすることで能力向上を促進している。

この点で技能実習や特定技能は留学経験者等と異なり、基本的な日本語能力が十分とはいえない。このレベルでは日本語教室への通学は有効である（堀他第2章）。ただ、実際には適当な教室がないとする企業が多く（**本編第5章**）、特に地方企業の場合アクセスに難がある様子が窺われる。基本的な日本語教育支援に関しては、こうした地方企業勤務者への配慮が望まれ、政策的なサポートが欠かせないだろう。

企業内での意識的なフォローも重要である。堀他第2章・第3章では従業員同士の声掛け、日本語教育（社内日常会話、外部研修会、日本語能力試験受験サポート）を通じた意識的な取組みへの言及がある、同第3章では技能実習生に日々の日本語による業務日誌作成を義務付け、日本人社員が日本語の誤りを添削しメッセージを添えて返却する取り組みが紹介されている。**木村工業の事例**では技能実習生の母国語と日本語両方に詳しい外国人正社員がコミュニケーションの橋渡し役となっている。

価値観の違い等に起因するトラブルの軽減は、職場における外国人の文化・宗教への理解と、外国人社員に対する日本文化への教育によって軽減できる部分と、待遇に対する違和感等、業務に携わる過程で生じ事後的な解決が求められる部分とに分けられる。後者に関しては、外国人材に日本的な企業文化や仕事の進め方を受け入れる素地がどの程度あるかが一つのポイントとなる。この点を考慮して、**大和合金の事例**では日本に関心があり、日本社会で社会経験を積んだ外国人に、インターンシップで予め自社の業務を理解してもらったうえで入社してもらうようにすることで、入社後スムーズに職場に馴染める環境を構築している。

② キャリア志向への配慮

在留外国人労働者は比較的長期の日本滞在を希望する人が多いものの、一つの企業に長期に在職するという意識はそれほど強くない（**本編第3章**）。この背景には外国人労働者のキャリア志向、起業志向の強さがあろう。外国人社員は日本企業でいくつかの異なる業務を経験し、キャリアアップや将来の起業に役立てたいという意識が強い。この点で、最初から仕事の決まったジョブ型雇用ではなく、ジョブローテーションを通じ本人の希望・

適性を見極めていく日本企業のゼネラリスト型人材育成は、一面では外国人の目的意識に適っている。留学生の配属が必ずしも語学力（外国語能力）の使用を前提としたものでないことにも表れている（**本編第2章**）。堀他第5章では、日本企業の人材育成の特徴の一つであるOJTについても実践的なスキル向上の機会と考える外国人技術社員が多いという指摘があり、育成にOJTを組み込むことは有効といえよう。

一方で、外国人を雇う経験の蓄積に乏しい大半の企業においては、外国人社員にどのような業務を経験させるかの具体的イメージが描きづらく、示せるのは昇格プロセスまでであろう。キャリアパスがイメージできないことが外国人にとっては不満の材料となっている。企業に長期的なキャリアパスを示す手立てがない以上、このギャップを埋めることは容易でないが、中小企業の特長である経営の柔軟性が解決の手立てとなりうる。外国人雇用の経験が乏しい企業の場合、外国人の配属・異動は人事セクションが本人の希望や適性を見極めながら試行錯誤的に進めていかざるをえない。明文化された規定と整合しない対応をするケースや、企業のこれまでの人事慣習から逸脱した「定型外」の対応を取るケースもありえよう。このような場合に中小企業の経営の柔軟性はプラスに作用すると考えられる。経営の柔軟性がプラスに作用するためには、経営者が外国人活用に直接コミットしていることが条件となる。

③ 技能実習生育成の方針～客観的評価を重視するか職場の和を重視するか

本編第3章でみたように技能実習生の場合、技能の習得には総じて熱心であるが、在留期間が限定されるため、長期的なキャリア形成を志向するより足元の収入への関心が高い。一方で在日経験の少なさから日本語コミュニケーションや日常生活そのものへのストレスが大きいため、職場環境や人間関係の良好さも大きな関心事項である。このようななかで技能実習生のモチベーションを高く保つためにはどうすればよいのだろうか。

堀他第3章では技能実習生の扱いについて、客観的なランク付けで能力・努力を評価し処遇する場合と、能力評価や処遇の反映を行わず協力し合う風土を醸成する場合の2パターンの有効例が紹介されている。このことは技能実習生の扱いについて「正解」はなく(堀他第6章)、企業が育んできた企業文化や技能実習生の実情を見極めて対応することが重要であることを示唆しているといえよう。

④ 高度人材の育成における自己啓発の重要性

日本企業の社員の育成では、ＯＪＴ、座学研修、自己啓発の3つが主要手段であり、外国人社員でもそれは同様であろう。大学等を卒業して技術・人文知識・国際業務等の在留資格で正社員として就労するような外国人では、特に自己啓発という要素の重要性が高い。前述の通り、外国人正社員はキャリア志向が強く、配属先でキャリアをどう向上させていくかという問題意識が旺盛である。そのぶん意識的に自己啓発に努める意欲が高く、独自の視点からの業務への貢献が期待できる（**大和合金の事例**）。外国人社員のこうした姿勢が業務の方向性と合致している限り、企業は外国人の自己啓発へのチャレンジを支援することが望まれる。

⑤ マニュアル・作業手順の整備〜ＩＴの積極活用

概ね3年単位で人員が入れ替わる技能実習においては、入れ替わりの都度新規の実習生に仕事を教えることになる。ＯＪＴやマニュアル作成は現場の日本人社員や、業務に詳しい外国人社員（特定技能で職場に残った技能実習修了者など）が担当する場合が多いが、技能実習生同士の「引継ぎ」が出来れば企業の教育負担が軽減できる。その手段として動画活用が有効である。前任者と新任者の引継ぎ期間を設けている企業の例では、コロナ禍の状況で引継ぎ期間が確保できなかった際に、前任者が新任者向けに自国語で作業の解説動画を作成し、引継ぎをスムーズに済ませることができた（**川田製作所の事例**）。

書き言葉で記載されるマニュアルや手順書は話し言葉より作成のハードルが高い。外国人が作成するのであれば日本語が関係する場合、日本人が作成するのであれば外国語が関係する場合、作成の難度は一層高まる。この点、母国語の動画は作成者にとって言語的なハードルが低く、視覚的・聴覚的な理解により作業イメージが具体化するメリットがある。このようなIT手段の活用は、日本語コミュニケーションの困難さを補完する手段として積極的に活用を図ることが望まれる。(4)

⑥ 孤独感・ホームシックへの対応

本編第5章でみたとおり、正社員・高度人材では孤独感が、技能実習や特定技能でホームシックがメンタル面の問題点としてある。在留期間が短く、日本語コミュニケーション能力に向上の余地がある技能実習生で問題となりやすいが、相応の在留経験を持ち日本語コミュニケーション能力も相当高い正社員・高度人材でも込み入ったビジネス面でのコミュニケーションや微妙なニュアンスのやりとりに齟齬をきたす場合があることや、文化的・宗教的背景の相違により孤独感を感じることもある。日本企業では日本人の上司・同僚が親切であるとする外国人社員の見方が多いことを示したが、それでもなおメンタル面のケアの重要性は高い。

考えられる方策として、前述の日本語能力の強化、価値観の相違を埋める工夫以外に、孤独感を和らげる試みが必要となる。日本人社員と同様、定期的な面談により外国人社員各自がどのようなことを考えているかを把握することは必要である。こうした定型的な対応を行ったうえで重要なことは、日本語ですべてのニュアンスが理解できなくても文化的・宗教的背景が違っていても、「外国人社員は日本人社員と同じ職場の仲間である」と組織と上司・同僚が考えていることを外国人社員に実感してもらうことであろう。

具体的には、業務外の各種懇親イベントの実施⑤と、経営者・幹部との直接的な関係性の構築が有効であろう。前者に関しては日本語能力のハンデや価値観のギャップにより、外国人社員の精神的ストレスは小さくない一方、業務外の気晴らしや娯楽手段へのアクセスは日本人よりハードルが高いと考えられ、職場と住居の往復に終始しがちである。休日の外出も、在留経験の浅い場合には単独、或いは外国人社員同士で出かけることは外部社会との直接関わることとなりそこにストレスを感じる場合があろう。このような観点からは企業が意図的に、日本人社員を交えた飲み会等職場内懇親や、休日のレクリエーション機会を提供することが効果的である。堀他第2章、第3章、第4章でもこのことは強調されている。

後者は、経営者や経営幹部が外国人社員の名前を覚え、頻繁に声掛けや会話の機会を設けることで、企業の重要なポジションにある人が外国人社員に対し「私はあなたのことを気にかけている」というメッセージを示すことになる。このことが当人に、企業内における自分の存在の認知と期待を感じさせることとなる。

技能実習生のホームシックに関しても正社員と同様、懇親イベントや経営者等の声掛け（堀他第2章、第3章）は有効であろうが、同時に監理団体のフォローが欠かせない（堀他第2章）。また、**本編第2章、第4章**でも触れた通り、監理団体は実習生の選考に関与する場合が多く、実習開始前の講習の実施者でもある点において、個々の実習生を知る機会が多い。また、受入企業を指導・支援する立場にあり、実習生からも自身が抱える問題へのフォローが期待されている。(6) 職場内のフォローとしては経営者に限らず、人事関係部門による声掛けを通じ、技能実習生が感じる悩み事を早急に把握し、監理団体と連携して解決する姿勢が求められよう。

（3）中小企業だからこそできる外国人社員へのフォロー

これまで挙げてきたポイントをみると、中小企業にとって大企業より実施しやすい条件が多いことが見て取れる。堀他第4章でも言及しているように、規模的な面で組織の階層構造が比較的単純な中小企業は、大企業より経営者と従業員の距離が近い。情報伝達や意思決定など、経営のスピード感、柔軟性も高い。行事の実施面においては、中小企業は全社的なイベントとして実施しやすく、主催者の意図を浸透させやすいのと同時に、組織の一体感が強まることが期待できる。[7] 中小企業は大企業より経営資源に乏しく、外国人雇用に対応した部署や専門スタッフを配置することは難しいため、採用面では不利になりがちであるが、ここで挙げたメリットを活かすことで育成・定着面では大企業に勝る成果を挙げることも可能となる。経営者の役割は特に重要である。従業員との距離の近さを活かすことも、経営の柔軟性・スピード感を発揮することも、方針や行事の徹底を進めることも、経営者の考えや行動に依存するところが大きい。中小企業において外国人雇用に関して経営者が主体的にコミットすることはその成否を左右する。

中小企業のもう一つの特長として、雰囲気的な面での社内環境の良好さがある。江口（2023）[8] では、社内で観察される社員の様子であてはまるものとして、「指示・命令がなくとも、仕事上で困ったことがあると、従業員同士がお互いに支援しあっている」、「働きやすさに対して満足感を感じている」、「仕事の裁量度（仕事を進める手段や方法を自分で自由に選べる程度）が高い」、「従業員が自立的に仕事に取り組んでいる」、「従業員自身がやりたい業務に従事している」、など多くの項目で、従業員規模が小さいほど当てはまる度合いが強いことが示されている。このような指標は中小企業における居心地の良さ、仕事のしやすさ、満足度の高さを示すものといえ、外国人社員にも同様に当てはまると考えられる。日本人の上司や同僚が親切という**本編第5章**で示した評価も、中小企業でそれが発揮される余地が大きいだろう。

（4）求められる企業戦略上の外国人雇用の位置づけ

外国人雇用は企業の3要素（ヒト、モノ、カネ）のなかでも最重要と目されるヒトの活用に属するものである。その意味では人事戦略の一要素ということになる。しかし、「外国人を雇用する」ということを人事戦略の単なる一バリエーションと考えるのではなく、堀他第6章で述べている通り、経営戦略のなかでそれをどのように位置づけるかということを考えることで、中小企業は外国人活用を企業価値の向上に結び付けることができるのではないだろうか。

外国人を雇用する目的としては、**本編第1章**でみたように業務の国際化（海外販路の開拓や海外生産など）が多いが、人手不足を充足するという人材代替的な動機、或いは企業内の人材多様性の確保によるイノベーション推進といったさまざまな目的が考えられる。企業によっては応募者のなかから選考したら「たまたま」それが外国人だったという場合もありえよう。

国際化や多様化など動機が明確な場合にせよ、労働力の代替など受け身の動機にせよ、成り行きでの採用にせよ、外国人雇用の経営戦略での位置づけを行うことで、企業としてどのような在留資格の人材を、どのような雇用形態（正社員かパートかなど）で、どの程度の人数規模で、どのような育成方針に基づきどのように配置するか、といった方針に落とし込むことができる。海外拠点を持つ企業であれば、国内本社と海外現地法人における活用、育成、人事交流のあり方なども定まってこよう。

注

（1）堀潔・弘中史子・中原寛子・侯贇・江口政宏・中谷京子（２０２３）「中小企業の外国人活用〜外国人材側のニーズを踏まえた採用・育成・定着への取り組み〜」『商工金融』第73巻（第6号）、pp４-８９、商工総合研究所。
（2）商工組合中央金庫編・岡室博之監修（２０１６）「中小企業の経済学」、千倉書房。
（3）中小企業では人事専担の部署があるとは限らず、総務セクションが兼任する場合も多い。

(4) 技能実習生は若年層が多く、IT機器の使用への抵抗感は薄い。
(5) 本編第4章でミーティングや社内行事などコミュニケーション機会の創設が正社員の離職率を引き下げる効果があることが示されている。
(6) 広島県「外国人材就労意識調査」(2020)によると、技能実習生が仕事で困っているときの相談相手として(複数回答)、「会社の日本人」の46・2%、「会社の同じ国の人」の45・1%、「監理団体の人」の41・6%の3つが多い。
(7) 例えば朝礼を実施する場合、中小企業では全員参加、もしくは幾つかの部署で分割開催となるが、大企業では多くの異なる部署での分割開催となる。この場合運営は部門の長に委ねられ、朝礼の形式・内容が部署により異なる可能性が高くなり、朝礼実施の当初の意図が組織末端に反映しない危険性も高まる。
(8) 江口政宏(2023)「中小企業の組織運営・人事政策と企業業績との関連」『商工金融』第73巻(第7号)、pp33-54、商工総合研究所。

あとがき

本書は、江口政宏調査研究室長が執筆した。各章と既発表論文との関係は以下の通りである。

第1章～第5章、第7章

堀・弘中・中原・侯・江口・中谷（2023）「中小企業の外国人活用～外国人材側のニーズを踏まえた採用・育成・定着への取り組み～」『商工金融』第73巻（第6号）の一部を加筆修正して組み入れつつ、書き下ろし

第6章

右記論文掲載事例の一部を加筆修正して組入れ

本書の土台となる論文作成や論文を踏まえた本書全体の構成を考えるに際しては、堀潔、弘中史子、中原寛子、侯贇、中谷京子の各氏から様々な有益なコメントとヒントを頂いた。心からの感謝の意を記させて頂きたい。

執筆者紹介

江口　政宏（えぐち　まさひろ）

一般財団法人商工総合研究所主任研究員

東京大学経済学部卒業後、商工中金を経て商工総合研究所に入所。

商工中金では18年間調査部に所属し、中小企業に関する調査を中心に、マクロ経済・金融に関する調査分析及び一橋大学寄附講義等の業務に従事。また、同社在籍時に財団法人国際金融情報センターに2年間出向。

商工総合研究所入所後は、中小企業の産業構造等に関する調査研究及び情報提供活動に従事。

2024年3月19日　第1刷発行

中小企業の外国人雇用
――その現状と課題、活用へのヒント――

執筆者　　江口政宏

〒103-0025　東京都中央区日本橋茅場町2-8-4
全国中小企業会館
編集・発行　　一般財団法人　商工総合研究所　　TEL.03(6810)9361
FAX.03(5644)1867
https://www.shokosoken.or.jp/

発売所　　官報販売所

本文デザイン・組版・印刷　三美印刷／製本　松村製本所
落丁・乱丁本はお取り替えいたします。商工総合研究所までお送りください。(送料研究所負担)

ISBN 978-4-901731-44-7　　C2034　　￥1500E　　Printed in Japan